Sex And Fitness

지은이 **이상협**

보디빌딩 수상경력
1998년 서울시장배 보디빌딩 대회 헤비급 1위
1999년 미스터 서울 보디빌딩 대회 헤비급 1위
서울시 대표선수 활동

방송경력
1993~1995년 〈SBS 출발! 모닝와이드〉 "생활체조" 진행
〈KBS TV 유치원〉 "수퍼 쌍둥이"
1996년~현재 〈39 홈쇼핑 레포츠〉, 〈CJ 홈쇼핑 레포츠〉, 〈농수산 홈쇼핑 레포츠〉, 〈하나TV〉 전문 게스트 및 쇼 호스트

트레이너 경력
1996~2000년 서울 교육문화회관 피트니스 인스트럭터
2005~2008년 피트니스 클럽 에스 프로 퍼스널 트레이너
2008년~현재 월드짐 스포츠 센터 프로 퍼스널 트레이너

감수자 **고경심**

서울대학교 의과대학을 졸업하고 동 대학원에서 석사 학위를, 독일 뒤셀도르프 의대에서 의학박사 학위를 받았다. 단국대학교 의과대학 산부인과 교수를 지냈고, 현재 메이산부인과 원장으로 있다. 대한산부인과의사회 성의학연구회 회원이자 대한성학회 정회원이다.

Sex And Fitness

아름다운 몸 건강한 섹스

초판 1쇄 인쇄 2009년 7월 15일
초판 1쇄 발행 2009년 7월 30일

지은이 이상협
감수자 고경심
펴낸이 김종수

편집책임 윤상훈

펴낸곳 서울엠
주 소 413-832 파주시 교하읍 문발리 507-2(본사)
121-801 서울시 마포구 공덕동 105-90 서울빌딩 3층(서울 사무소)
전 화 영업 02-326-0095, 편집 02-336-6183
팩 스 02-333-7543

등록번호 제406-2003-000053호

Printed in Korea.
ISBN 978-89-7308-147-9 03690

* 잘못된 책은 바꾸어 드립니다.
* 가격은 겉표지에 표시되어 있습니다.

이 도서의 국립중앙도서관 출판시도서목록(CIP)은 e-CIP홈페이지(http://www.nl.go.kr/ecip)에서 이용하실 수 있습니다. (CIP제어번호: CIP2008003251)

Sex And Fitness

아 름 다 운 몸 건 강 한 섹 스

프로 퍼스널 트레이너 **이상협** 지음 | 의학박사 **고경심** 감수

SEOUL M
서울엠

Prologue

애인에게
사랑받는 몸 만들기

30대 초반 직장인인데 외모 때문에 부장님 소리를 들어본 적이 있는가?

시집도 가지 않은 처녀인데 아줌마 소리를 들어본 적이 있는가? …
이성과의 잠자리가 두려운 적이 있는가?

현대 사회에서 외모는 경쟁력이자 강력한 성적 무기다. 외모는 시대를 반영하고 사회생활은 물론 부부 생활에도 중요한 비중을 차지한다.

현대 사회에서 섹스어필할 수 있는 몸 만들기, 섹스할 때 사용되는 근육의 운동 및 체위별 운동, 대한민국 성인이 가장 콤플렉스로 느끼는 신체 부위의 운동을 짧은 시간에 쉽고 간편하게 할 수 있는 방법을 소개한다.

여자들은 어떤 몸매의 남자에게 매력을 느낄까? 영화배우 아널드 슈워제네거와 같이 가슴이 큰 남자? 아니면 팔뚝이 뽀빠이처럼 두꺼운 남자? 그런 것들은 모두 남자들의 착각에 불과하다. 큰 가슴과 두꺼운 팔뚝에 집착하지 말고 오히려 힙을 탄력 있게 만들어라. 여자들은 힙이 예쁜 남자를 섹시하게 본다. 여자들은 신체의 한두 부위가 지나치게 비대한 남자보다는 상체와 하체가 적당히 발달하고 조화와 균형이 맞는 남자에게 훨씬 큰 매력을 느낀다.

남자들 역시 섹시한 여자에 대한 관점은 각양각색이겠지만, 마르기만 한 여자보다는 적당한 운동으로 탄력이 있으면서도 들어갈 데는 들어가고 나올 데는 나온 건강한 몸매를 더 좋아한다.

아무리 비싼 명품으로 치장해도 몸매가 받쳐주지 않는다면 매력적인 사람으로 보

이지 않을 것이다. 반면에 잘 다듬어진 몸매의 소유자라면 싸구려 청바지에 티셔츠 하나만 걸쳐도 주위의 부러움과 시선을 한껏 받을 수 있을 것이다.

이성에게 섹스어필할 수 있는 몸매를 만들고 싶은가? 당신의 파트너에게 최고라는 칭찬을 받고 싶은가? 그렇다면 끊임없이 노력하자.

헬스클럽이나 집에서 열심히 덤벨을 들어올리고 뛰고 살을 빼는 사람들은 시간이 남아돌아서 운동하는 것이 절대 아니다. 자신의 미래에 투자하는 것이고 삶의 활력과 원동력을 끌어올리는 일을 하는 것이다. 평생 엑스트라로 살 것인가? 이젠 영화 속 주인공처럼 세상이 나를 주목하게 만들자. 아름다운 몸매는 어디서나 시선을 사로잡는다. 날씬하고 탄력 있는 몸매를 만들자.

이 책이 나오기까지 도움이 되어준 친구 전상필과 모델 분들, 그리고 관계자 여러분께 감사드린다.

2009년 1월
프로 퍼스널 트레이너 이상협

Sex And Fitness

C o n t e n t s

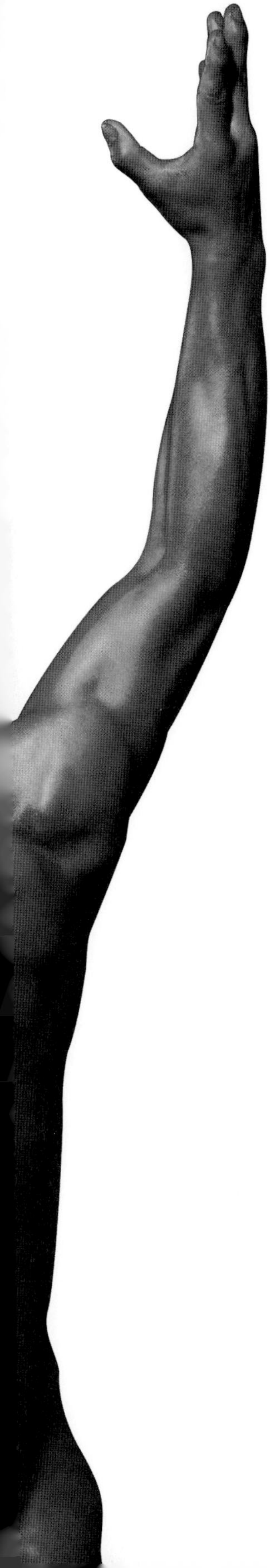

Part 1

아름다운 몸
건강한 섹스

 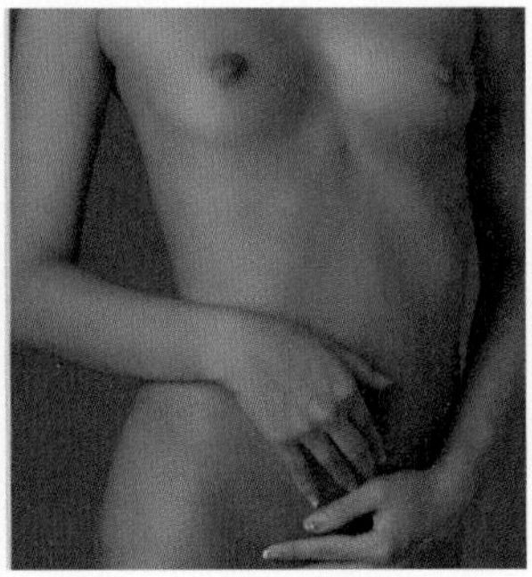 

_1

강요하는 섹스는 하지 말자

: 육체의 문을 열려면 먼저 마음의 문을 열어라

남자와 달리 여자는 육체의 문이 열리려면 먼저 마음의 문이 열려야 한다. 남편이 술에 취해 술김에 아내에게 억지로 섹스를 강요한다면 좋아할 여자는 그리 많지 않을 것이다. 때로는 아내가 피곤하고 섹스를 하고 싶지 않은데도 남편을 배려하거나 강압에 못 이겨 섹스에 응할 수도 있다. 그렇다고 남자가 둔하게 그걸 제대로 파악하지 못하고 여자도 섹스를 원한다고 착각해 계속 요구한다면 여자에게 그 시간만큼 견디기 힘든 시간도 없을 것이다.

남자건 여자건 술이 너무 취했을 때는 제대로 된 쾌감을 느끼기가 힘들며, 특히 남자의 경우엔 페니스가 둔해지고 제대로 발기하지도 않기 때문에 무리한 섹스는 되도록 하지 않는 것이 좋다.

섹스는 절대 혼자 하는 이기적인 사랑이 아니다. 아내가 언제 어디서든 남편의 요구에 응한다고 해서 아내가 남편과의 섹스를 좋아할 것이라고 착각해서는 안 된다. 서로 마음의 문을 열고 육체적 · 정신적으로 하나가 되었을 때서야 비로소 환상의 하모니를 이룰 수 있다.

_2

연애의 정석, 정신적 애무

: 그녀를 절정에 이르게 하는 멀티 오르가슴

대다수의 남자들은 무조건 섹스를 오래 하기만 하면 여자가 좋아할 것이라는 착각에 빠져 있다. 하지만 남자가 여자를 황홀하게 만드는 완벽한 섹스는 얼마나 세게 오래 하는지가 아니라 단 10분이라도 시작부터 끝까지 여자의 애를 얼마나 태울 수 있느냐에 달려 있다 해도 과언이 아니다.

전희 단계부터 섹스의 과정, 사정하고 나서 후희에 이르기까지 정신적 · 육체적으로 지루하지 않게 애태우기 페이스를 유지한다면 최고의 밤을 보낼 수 있다. 여자는 그 남자와의 섹스를 절대 잊지 못할 것이다. 그에 더하여 육체의 오르가슴뿐 아니라 정신적 오르가슴까지 줄 수 있는 멀티 오르가슴 기술을 습득한다면 당신은 진정한 카사노바가 될 수 있다.

평범한 남자는 사랑과 애정을 표현하는 여러 가지 방법을 머릿속에서만 떠올릴 뿐 표현하기를 쑥스러워한다. 반면에 플레이보이나 제비족들을 보라. 그들 모두가 얼굴이 아주 잘생겼거나 몸매가 아주 탄탄한 것은 절대 아니다. 그렇다고 가진 돈이 많아 돈을 펑펑 쓰는 것도 아니다. 오히려 여자가 돈을 더 쓰는 경우가 많다. 여자를 유혹하는 뭔가 특별한 것이 있으리라고 생각하겠지만 그리 대단하거나 거창한 이유가 있는 것이 아니다. 그들은 평범한 남자들이 생각에 그치고 표현하지 못하는 것들을 여자에게 쉴 새 없이 선사한다. 달콤한 사랑의 속삭임과 칭찬, 스킨십 등을 거침없이 해가며 아낌없이 칭찬하고 또 칭찬한다.

이처럼 별것도 아니고 심지어 유치해 보이는 선수(?)의 정신적 애무에 그녀는 감동해버린다. 즉, 여성은 마음을 어루만져줘야 몸이 반응하고 절정의 순간으로 이끌린다. 그녀의 마음을 열어라. 육체의 문도 자연스럽게 열릴 것이다.

_3

본능에 솔직하고 충실하라

: 화끈한 여자가 되자

개인마다 취향의 차이는 있겠지만 대다수의 남자들은 자신의 여자가 낮에는 그 누구보다도 차분하고 다소곳한 여자이기를 바라고 잠자리에서는 화끈한 초절정 섹시녀가 되어주기를 은근히 기대한다. 그렇다고 에로비디오에 나오는 엽기적인 행동을 바라는 것은 아니다. 다만 조금만 더 과감하고 적극적으로 행동하고 표현하길 바랄 뿐이다. 본능에 솔직하고 충실하라. 그러면 자신의 몸이 무엇을 원하는지 알게 될 것이다.

남자의 페니스가 너무 민감하거나 경험이 부족한 경우 너무 빨리 사정하는 경우가 있다. 이럴 때 여자가 화를 내거나 실망한 표정을 지으면 남자는 잠자리에 대해 두려움을 갖기 시작한다. 현명한 여자라면 오히려 용기를 북돋아주고 '사랑해'라며 속삭여라. 또는 직접 남자를 올라타 그가 사정할 타이밍에 맞춰 서로의 느낌이 최고조가 될 수 있도록 리드하라.

또 남자가 전희를 무시하고 너무 빨리 삽입하려고 하면 서로 충분히 달아오를 수 있도록 여자가 남자의 위에서 적극적으로 애무하면서 전희의 즐거움이 무엇인지 남자에게 가르쳐라. 남자의 손을 가볍게 클리토리스 위에 얹고 그가 제대로 애무할 수 있게 리드하라. 노골적인 표현은 자제하되 최대한 자연스럽게, 나중에도 기억할 수 있을 정도로 부드럽게 속삭이며 쾌감을 느껴라.

남자라면 누구나 오럴섹스의 기쁨과 쾌감을 알 것이다. 여자도 마찬가지다. 보수적인 성격 탓에 경험도 별로 없고 처음에는 서툴겠지만 조금 엉성할지라도 그런 적극적인 시도만으로도 그는 기쁨의 탄성을 자아낼 것이다. 평상시 지적이고 보수적인 사람이라도 섹스하는 순간만큼은 카사노바가 되어보자. 결코 부끄럽거나 창피한 행동이 아니다. 적절한 타이밍을 놓치지 말고 부드럽게 행동에 옮겨라. 그 순간 그는 당신의 노예다.

≫ 절정에 이르는 Tip

잠자리에서만큼은 솔직하고 당당하게!

대부분의 남자와 여자는 섹스에 관한 대화를 별로 하지 않는다. 나의 파트너가 어떤 체위를 좋아하는지, 어떻게 하면 훨씬 더 흥분하는지, 어디가 성감대인지 제대로 알지 못하는 경우가 많다. 서로에게 바라는 점이라든가 좋았던 점 등에 대해서 솔직하고 꾸밈 없이 대화를 나누고 고쳐야 할 점은 고쳐나갈 때 더 나은 사랑의 항해를 해나갈 수 있을 것이다.

_4

남자와 여자의 성적 판타지

: 남녀의 다양한 성적 반응

남자들은 하루에도 수천 번 아름다운 여자와의 섹스를 꿈꾼다. 그 대상은 연예인이기도 하고, 잡지책의 모델이기도 하며, 심지어는 야한 옷을 입은 채 지나가는 여자이기도 하다. 쉽게 흥분하고 섹스에 대한 충동이 일어날 수 있는 게 남자다. 그래서 아무리 예쁜 아내가 있어도 열 여자 마다할 남자 없다는 말이 나왔는지도 모른다. 하지만 여자는 눈에 보이는 것만으로 쉽게 흥분한다거나 섹스를 원한다거나 하는 식으로 단순하게 반응하지 않는다. 잘생기고 근육이 멋진 남자를 보면 있는 그대로 받아들일 뿐 상상의 나래를 펼치거나 흥분하지 않는다는 것이다.

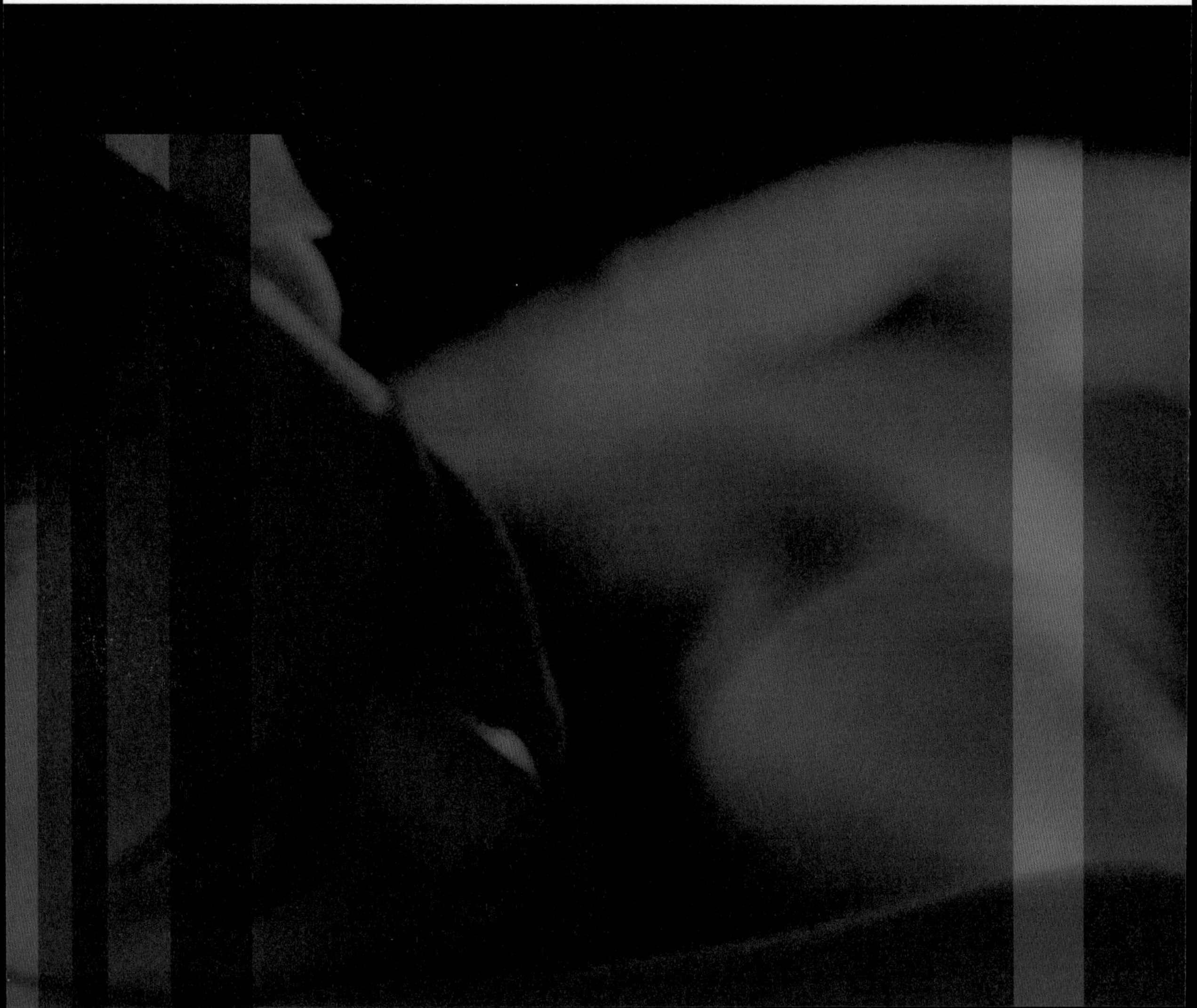

여자의 마음을 사로잡기에는 그것만으로 부족하다. 육체적인 매력은 물론이고 정서적으로도 만족할 수 있을 때 비로소 여자는 자신의 모든 것을 아낌없이 준다. 섹스를 보는 여자와 남자의 시선이 분명히 다르다는 것을 이해하자.

남자들은 영화에서나 나올 법한 우람한 근육을 가진 남자가 여자에게 인기가 많을 거라고 착각한다. 물론 비만하거나 삐쩍 마른 것보다는 훨씬 매력적이고 인기도 있다. 그러나 섹스에서 난폭하게 리드해나가는 것을 좋아할 여자는 많지 않다. 섹스에도 엄연히 기승전결이 있다는 것을 명심하자.

전희부터 사정 후까지 부드러움과 강함의 조화가 어우러지고, 때로는 빠르고 때로는 느리게 리드하며 여자의 마음을 읽는 섹스야말로 최고의 섹스라고 할 수 있는데 이때 강인하고 멋진 조각 같은 몸매는 플러스 알파라고 보면 된다.

그렇다고 눈에 보이는 강인한 육체의 매력이 대수롭지 않다는 것은 절대 아니다. 섹스할 때는 시각적으로 보고 느끼는 쾌감도 상당히 크기 때문이다. 기왕이면 다홍치마라고 내 남자가 마르거나 비만인 것보다는 은근히 강인하고 멋진 조각 같은 몸매를 가졌길 바라기 마련이다.

강하기만 하면 부러질 수 있다. 조각 같은 멋진 몸매는 성능 좋은 자동차에 달린 풀옵션이라고 생각하자. 강함과 부드러움을 모두 겸비한 매력적인 남자가 되자.

〉〉 절정에 이르는 Tip

너무 작거나 클 때

여자가 느끼기에 남자의 페니스가 너무 작다고 생각되고 느낌이 제대로 오지 않는다면 누운 상태에서 양다리를 V자 모양으로 벌려 가슴까지 들어올린다. 이 자세는 여자의 질의 길이를 짧게 만들어 깊고 꽉 차는 느낌을 주게 된다. 섹스 중 삽입이 너무 깊거나 페니스가 클 경우 여자는 고통을 느끼기도 한다. 이때 여자의 두 다리를 모아서 무릎을 붙여 편안히 눕게 한 후 삽입하면 여자가 삽입의 깊이와 강도를 조절할 수 있다.

사랑 만들기에서 중요한 근육

PC 근육 치골미골근

항문과 질 주위를 둘러싸고 있는 골반 근육 부위다. 앞으로는 치골, 뒤로는 미골에 부착되어 있으면서 복부 장기를 받쳐주는 근육이다.

이 근육이 늘어나고 힘이 없어지면 질 주위의 탄력이 없어져서 성적인 쾌감이 매우 떨어지게 된다.

주로 잦은 출산이나 노화로 늘어지게 되며, 심해지면 요실금, 자궁 질환 및 질 탈출 등이 발생하기 쉽다. 이를 예방하고 성적인 탄력과 긴장감을 유지하려면 지속적인 PC 근육 운동이 필요하다.

남성의 경우도 이 근육이 발달하면 사정을 의지대로 조절할 수 있어, 조루를 치료하거나 성교시간을 증가시키는 데 도움을 준다.

PC 근육 운동을 하려면 우선 소변을 보다가 중간에 소변을 참을 때 요관을 오므리는 느낌을 느껴보자. 요관과 항문을 조이는 운동에 관여하는 근육이 PC 근육이다. 따라서 평소에도 항문을 조이는 운동을 하루에 15~20회씩 4~5세트 이상 하면 근육의 힘과 탄력을 유지할 수 있다.

그런데 실제 해보면 작심삼일이 되기 쉽다. 그러지 않기 위해 여성들이 도움을 받을 수 있는 기구가 바로 '질 삽입 콘'이다. 콘을 잘 씻어서 질 안에 너무 깊지 않도록 입구에 가깝게 삽입하고 일어서서 조이고 오므리다가 힘이 들면 풀기를 반복한다. PC 근육을 사용해 아래로 떨어지려는 콘을 들어올리며 운동하게 하는 것이다. 처음에는 가벼운 무게로 시작해 점차 무거운 무게로 올리면서 단계별로 운동하는 것도 좋은 방법이다.

여성의 성감대

클리토리스

음핵이라고 하는데, 가장 성감도가 높은 성감대다. 발생학적으로 남성의 페니스에 해당된다. 소음순이 위에서 만나는 지점에 피부덮개로 살짝 덮여 있는 부분이며 1~3cm의 크기다. 음핵의 꼭대기 부분에는 수많은 감각신경이 분포된 민감한 막으로 덮여 있고 건드리거나 마찰하면 성적 홍분이 일어나고 고조되는 효과를 볼 수 있다.

성교 시에 음핵의 크기는 두 배로 커지면서 남성의 음경처럼 발기된다. 따라서 여성의 최고의 성감대인 음핵을 자극하는 체위를 하는 것이 오르가슴에 이르는 중요한 포인트다.

G스팟 G-spot

여성의 질 바깥쪽 3분의 1 정도의 부위로 대략 질 입구에서 질 앞 벽에 약 2~3cm 부위에 있는 지점을 말하며, 사람에 따라 위치가 조금씩 다르다. 성적으로 홍분되거나 이 부위를 자극받으면 요관 근처에 있는 말단신경, 내분비선, 혈관들의 작은 덩어리가 뭉쳐서 동전 크기만 한 돌출부가 확대되어 만져질 정도가 된다.

이 부위는 평소 홍분되지 않은 상태에서는 만져지지 않는다. 최근 학자들은 이 부위를 자극하면 남성의 전립선 액과 같은 액체가 분비되는 것으로 남성 전립선이 미발달한 형태라고 보기도 한다.

남성이 손가락 두 개를 부드럽게 질 안으로 삽입해 질 앞 벽을 자극할 수도 있다. 체위 중 G스팟을 자극하는 체위를 활용하면 여성의 성적 쾌감을 고조시킬 수 있다. 여성상위체위와 뒤에서 삽입하는 자세에서 음경이 G스팟이 있는 질 앞 벽을 직접 마찰하게 된다. 여성상위일 경우 여성이 남성의 음경이 삽입되는 깊이와 방향을 조절할 수 있으며 앞쪽으로 나란히 움직여 가장 기분 좋은 위치로 리드할 수 있다.

Part 2

다양한 체위와 근육 만들기

Chapter 1

체위에 대하여

체위와 운동

남녀가 사랑을 나눌 때 체위의 변화를 시도하는 것은 매우 흥미롭고 바람직하다. 모든 커플에게 적용되는 가장 좋은 체위란 없다. 남녀의 키나 체형, 비만 정도, 발달된 근육상태에 따라 서로 맞춰가는 것이 중요하며, 각자가 가장 편안하고 좋아하는 자세를 체험과 훈련을 통해 찾아야 한다. 상대의 기호를 파악하기 위해 남녀가 서로 자신의 느낌이 어떤지 표현하고 대화를 나눠야 한다.

사랑의 행위를 하면서 자유롭고 편안해지기 위해 노력하면서 가장 큰 쾌감을 같이 찾아보는 것이다. Part 2에서는 서로에게 더욱 큰 만족과 즐거움을 주는 체위를 보여준다. 사랑 만들기 체위를 유지하기 위한 효과적인 근육 보강법을 따라서 지속적으로 운동하면 매력적인 남녀로 거듭날 수 있다.

Chapter 2

내사랑 감싸기

가장 보편적이고 무난한 체위인 정상위다. 남자가 여자 위로 올라가며 여자는 다리를 벌리고 남자는 편하게 다리를 뻗는다. 이 자세는 서로 마주볼 수 있어 좋으나 남자가 섹스를 하는 동안 자신의 팔로 상체를 버티고 체위를 유지해야 하기 때문에 어깨와 허리, 특히 팔 뒤쪽의 삼두근이 강해야 한다. 이 체위에서 다양한 변형체위가 나온다.

〉〉Tips 여자가 발등을 'ㄱ'자로 꺾어주면 남자가 좀 더 강하게 사랑해줄 수 있다. 남자가 너무 긴장하면 파트너가 곤란하다. 변형동작으로 여성이 살짝 무릎을 모아주면 전희에서 남자가 갖는 쾌락은 배가된다.

서로의 몸을 밀착시키고 여자는 무릎을 90도로 들어 올린다.

고대와 함께 위험한 정사

남자가 여자의 허벅지나 힙을 들어 올린다. 여자는 양팔로 버티며 힙과 골반을 밀어 올린다.

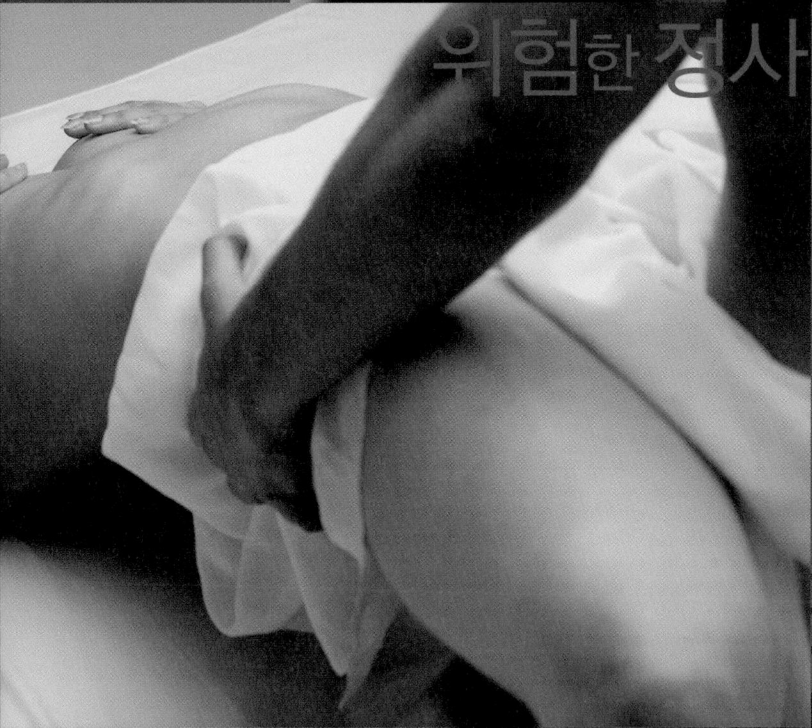

Stretching

삼두근

정상체위에서는 남자가 자신의 상체를 팔로 지지해야 하기 때문에 팔 뒤쪽의 삼두근처럼 **밀어내는 힘을 쓰는 근육**이 강해야 한다. 특히 상체가 크고 팔 힘이 약한 사람들은 **삼두근 운동**이 필수다.

1 편안히 앉은 자세에서 가슴을 편다.

2 양팔을 하늘로 곧게 올린다.

3
오른손으로 왼 팔꿈치를 가볍게 잡아 당긴 후 10초에서 20초가량 실시한 후 반대쪽도 실시한다.
(2~3회 반복)

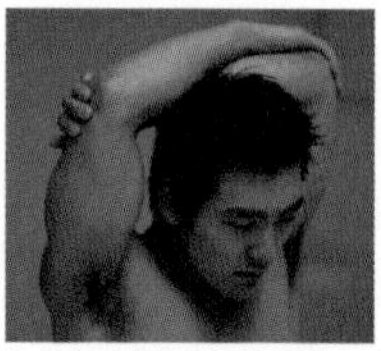

이때 상체가 움직이지 않도록 똑바로 고정시키고 **팔만 움직이는 것**이 중요하다.
동작은 항상 천천히 리드미컬하게 반복한다.
한번에 **양쪽 팔꿈치를 동시에 실시**할 수도 있다.

허리/어깨/삼두근

이 자세의 효과는 **전체적인 몸의 바디라인**을 잡아주며 삼두근과 어깨, 허리를 유연하고 탄력 있게 만든다.

1
양팔을 쭉 뻗은 상태에서 엉덩이를 뒤로 크게 뺀다.
고개를 숙이면서 양다리를 뒤로 한 후 3회 호흡한다.

2
고개를 천천히 들고 양쪽 무릎을 쭉 펴서 다리를 뒤로 보내 몸이 사선이 되게 한다.

3
팔을 굽혀 가슴과 무릎을 바닥에 붙이고 엉덩이를 최대한 올린다. (2~3회 반복)

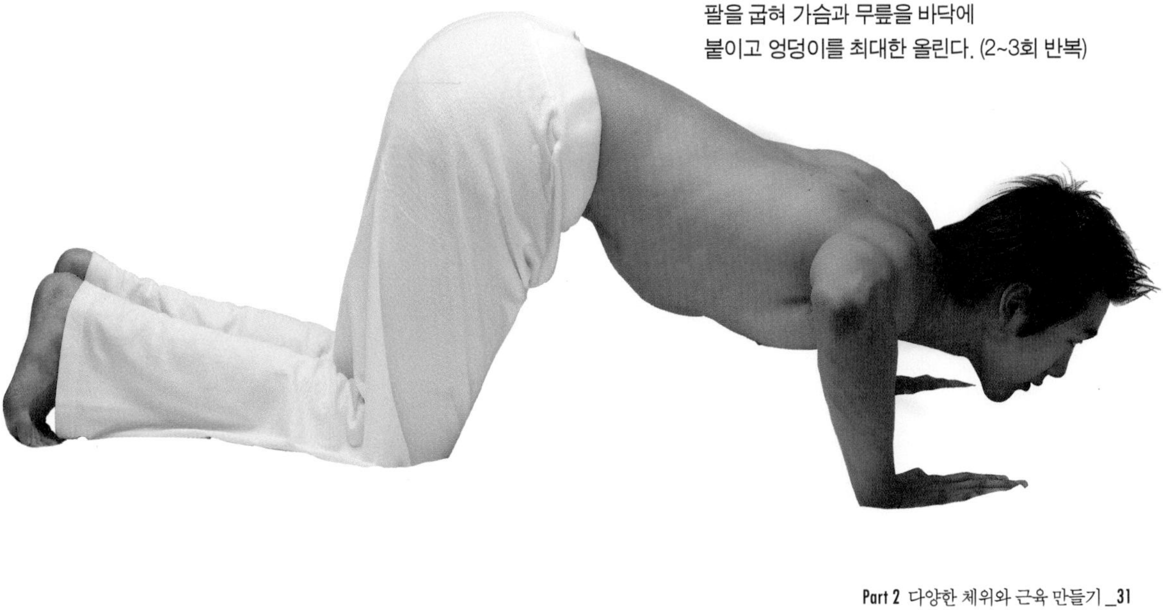

가슴

푸시 업 상체의 힘을 키우는 가장 기본적인 방법이다.
넓은 가슴과 어깨 그리고 삼두근까지 운동이 된다.

1

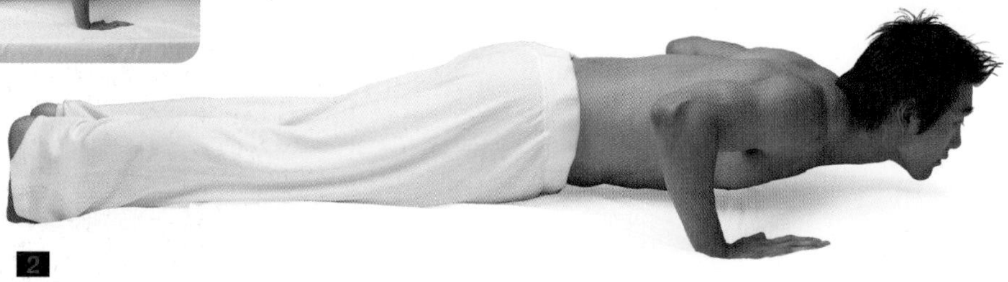

2

팔은 어깨보다 조금 넓게 벌리고 허리가 구부러지지 않도록 편 상태에서 상체를 고정시킨다. 몸을 내리면서 숨을 들이쉬고 가슴이 바닥에 닿기 약 5cm 전까지 내린다.
동작은 정확한 자세로 천천히 실시하고 0.5초 정도 잠시 멈췄다가 올라오며, 이때 숨을 내쉰다.
허리가 움직이거나 구부러지지 않도록 편 상태를 유지하며 반복한다.

여성이나 체력이 약한 남성의 경우엔 무릎을 바닥에 대고 동일한 방법으로 실시한다.

1

	횟수	세트	휴식
초급자	6~8	2~3	약 90초
중급자	8~12	3~4	약 60초
고급자	12~15	4~5	약 30초

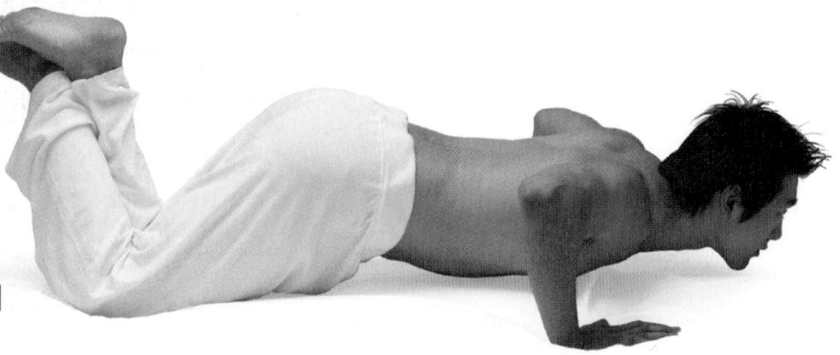

2

가슴

푸시 업 응용

가슴은 크게 상·중·하 부위로 나눌 수 있는데 이 운동은 **남자의 매력포인트인 가슴의 상부 쪽**을 특히 강해지게 한다. 집 안에 있는 **적당한 높이의 침대나 의자**를 이용해 실시한다.

1

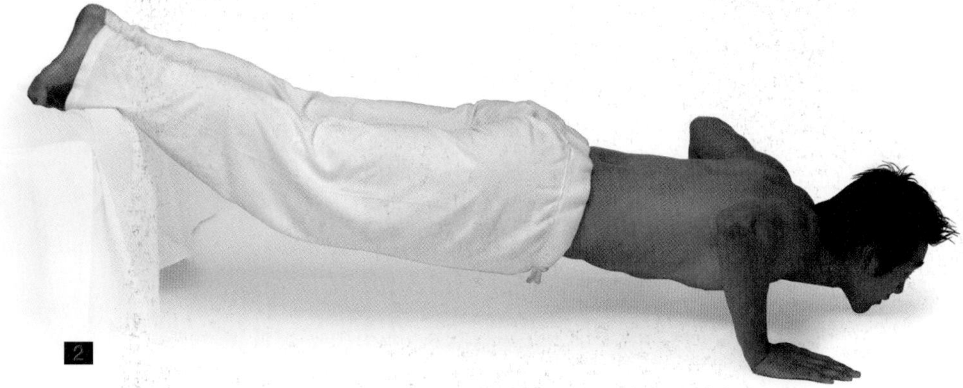

2

두 다리는 모아서 발끝을 의자 위에 올린다.
양손은 어깨 너비보다 조금 넓게 벌리고 몸은 사선으로 똑바로 고정시킨다.

서서히 내린 후 바닥에 닿기 바로 전 5cm 정도 높이에서 잠시 멈췄다가 가슴 근육에 자극이 오는 것을 느끼며 원 위치로 돌아온다. 몸을 내리면서 숨을 들이쉬고 원 위치로 돌아왔을 때 내쉰다. 푸시 업과 동일하게 실시한다.

	횟수	세트	휴식
초급자	6~8	2~3	약 90초
중급자	8~12	3~4	약 60초
고급자	12~15	3~4	약 30초

삼두근

<u>체어 딥</u> 팔 뒤쪽의 근육, 즉 삼두근을 **자신의 체중을 이용해 운동**하는 방법이다. 일단 의자가 미끄러지지 않게 고정한다.

1

양다리를 모으고 무릎을 구부려 직각이 되게 한 후 의자 끝에 앉아 양발을 바닥에 대고 손은 엉덩이 바로 옆에 위치한다.
힙과 등을 의자에 쓸듯이 그대로 수직으로 삼두근의 자극을 느끼며 내린다.

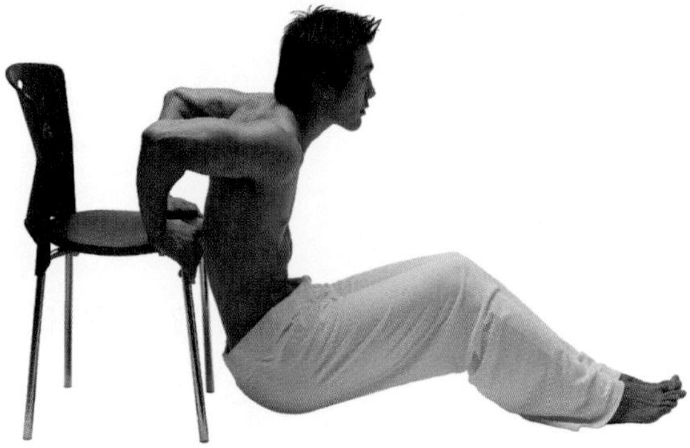

2

힙이 바닥에 닿기 전 0.5초 정도 멈췄다가 올라온다.
항상 운동을 할 때 두 발과 다리를 고정시키고 가슴을 편다.
숨은 천천히 상체를 내리면서 들이쉬고 올라올 때 내쉰다.

운동 시 팔꿈치가 양옆으로 너무 벌어지면
운동의 효과가 떨어지므로 최대한 고정시키고 실시한다.

	횟수	세트	휴식
초급자	6~8	2~3	약 90초
중급자	8~12	3~4	약 60초
고급자	12~15	3~4	약 30초

삼두근

킥 백

가벼운 덤벨이나 물통을 이용해 간편하게 할 수 있는 삼두근 강화 운동이다. 너무 무리해서 무거운 무게로 운동하려 하지 말고 처음에는 올바른 자세에 더 집중하자.

1

2

다리를 넓게 벌리고 한쪽 무릎은 구부린 채 몸을 한쪽으로 비튼다.
시선은 전방을 향하고 가슴을 펴서 상체를 숙이며 한쪽 팔로 몸의 균형을 잡는다.
덤벨을 들고 있는 팔의 팔꿈치가 바닥과 평행이 되도록 몸 옆에 고정시킨다.
팔꿈치를 뒤로 차듯 덤벨을 뻗은 후 잠시 멈췄다가 천천히 아래로 굽힌다.

팔꿈치를 폈을 때 팔의 각도는 바닥과 평행을 이뤄야 하며
운동 중에 상체와 팔꿈치는 흔들리지 않고 고정되도록 실시해야 한다.

숨은 뒤로 뻗으면서 내쉬고 아래로 굽히면서 들이쉰다.

	횟수	세트	휴식
초급자	6~8	2~3	약 90초
중급자	8~12	3~4	약 60초
고급자	12~15	3~4	약 30초

Chapter 3

폭풍의 질주

남자는 편한 자세로 눕는다. 여자는 무릎을 세우고 남자 위에 올라가 안정된 자세로 앉는다. 때에 따라 상체를 세우거나 남자의 가슴으로 상체를 밀착시켜 마치 방아를 찧듯 격렬하게 사랑을 나눌 수 있다. 주로 여성의 하체 힘과 테크닉이 많이 필요한 동작이다. 남자가 아래에서 허리나 다리를 양손으로 받쳐주면 여자가 훨씬 원활하게 움직일 수 있다.

〉〉 Tips 여자의 왕복 운동이 용이한 자세다. 서로 얼굴을 마주볼 수 있고 여자는 여러 가지 체위로 변형하기 쉽다. 여자가 깊은 절정을 느낄 수 있다.

여자가 팔을 뒤로 짚고 상체를 45도 뒤로 젖힌다.

농밀한 커브

위험한 큐피트

남자는 무릎을 꿇고 여자의 허벅지 바깥쪽을 양팔로 잡아 든다.

Stretching

다리

폭풍의 질주 체위는 여자의 **허벅지 안쪽과 힙**에 가장 많은 힘이 들어가기 때문에 **하체를 충분히 스트레칭**해야 한다.

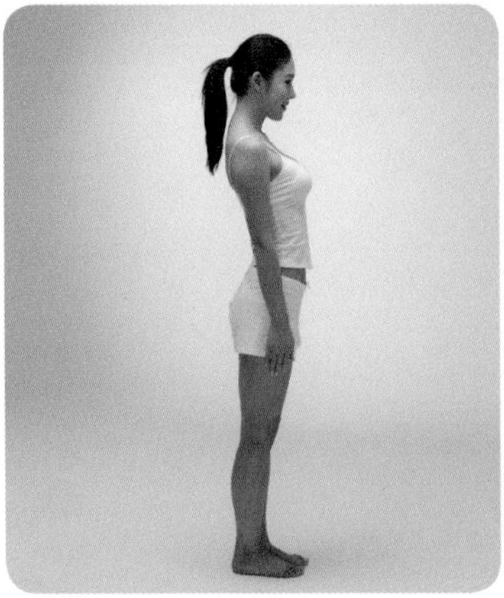
1

2

가슴을 펴고 양쪽 다리를 넓게 벌리고 한쪽 다리는 뒤로 쭉 펴고 다른 한쪽 다리가 앞으로 직각이 되도록 유지하며 앉는다.
무릎 위에 양손을 얹고 허벅지 안쪽의 근육에 긴장감이 오도록 스트레칭한다.
5~10초 정도 멈췄다가 반대쪽도 실시한다. (2~3회 반복)

3

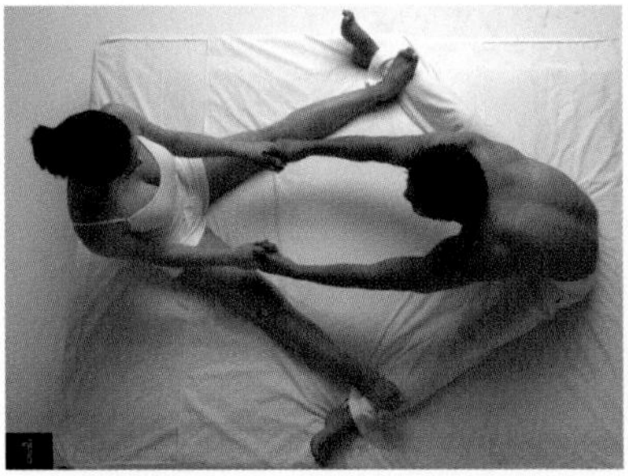
1

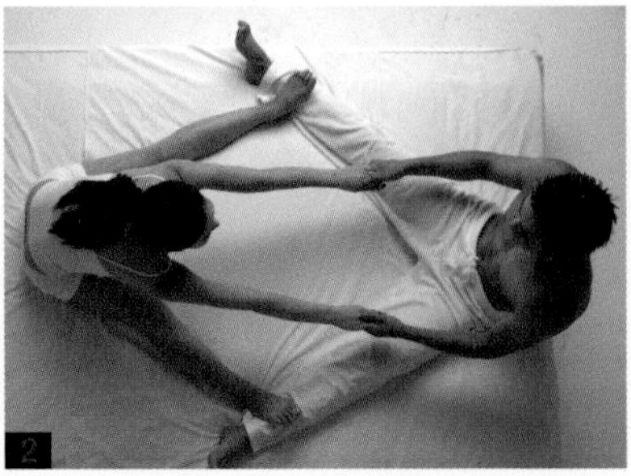
2

남녀가 마주 보고 앉아 다리를 넓게 벌리고 양손을 잡는다.
가슴을 내밀고 상체를 바르게 편 후 가볍게 한쪽씩 약 10초간 당긴 후 멈추는 동작을 서로 반복한다. 허벅지 안쪽의 유연성이 좋아지고 탄력이 생긴다. (2~3회 반복)

힙/다리

이 자세는 상체의 유연성을 높이고 엉덩이와 골반을 튼튼하게 하며 하체의 혈액 순환을 원활하게 해준다.

1

2

양다리를 넓게 벌리고 양팔을 쭉 뻗고 일직선으로 만든 후 왼발을 직각으로 만들고 상체를 바르게 유지한 채 손이 바닥에 닿을 만큼 옆으로 숙인다.
이때 5~10초 정도 멈췄다가 서서히 반대쪽도 똑같이 실시한다.
허리와 옆구리의 스트레칭 효과도 있다. (2~3회 반복)

3

다리/힙

스쿼트

전체적으로 **힙과 다리의 근력을 향상**시키고 **탄력 있게 해주는 동작**이다.

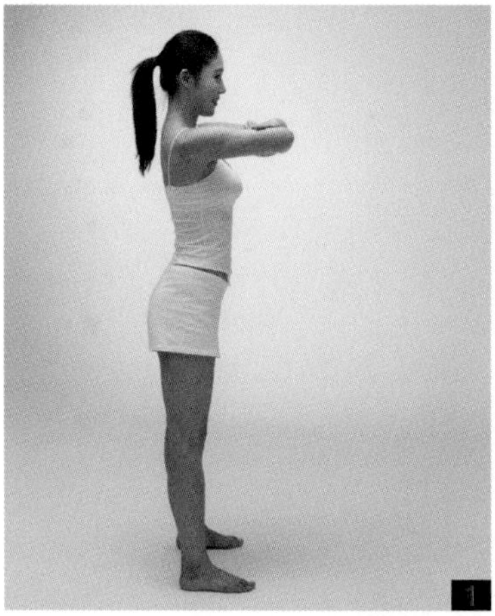

상체는 어깨를 편 후 가슴을 내밀고 시선은 항상 전방 15도 방향을 주시한다.
다리는 어깨 너비 정도로 벌린 후 발을 45도 정도 벌리고 선 상태에서 양팔은 팔짱을 낀다.
숨을 들이마시며 서서히 내려앉되 무릎이 직각이 될 때까지 앉는다.
이때 상체를 앞으로 숙이지 않도록 주의하고 허리가 둥글게 구부러지지 않게 하며 고개를 숙여 바닥을 쳐다보지 않는다.
앉은 상태에서 1~2초 정도 멈췄다가 허벅지와 힙에 힘을 주면서 일어선다.

굿모닝

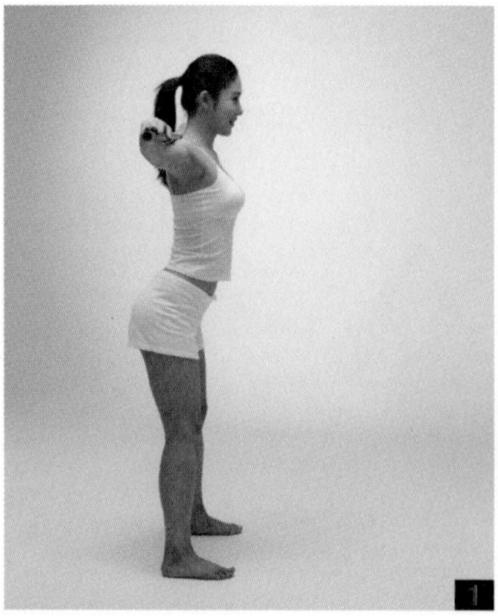

어깨를 펴고 양발을 어깨 너비 정도로 벌린 후 무릎을 살짝 구부리고 봉을 어깨 위에 올린다.
등을 똑바로 펴고 가슴을 내민 뒤 숨을 들이마신 후 서서히 인사하듯 상체를 직각이 될 때까지 숙인다. 이때 절대 등이 굽거나 다리가 구부러져서는 안 된다.
힙과 허벅지 뒤의 긴장감을 느낀 후 숨을 내쉬며 일어선다.

	횟수	세트	휴식
초급자	6~8	2~3	약 90초
중급자	8~12	3~4	약 60초
고급자	12~15	4~5	약 30초

다리/힙

런지 집에 있는 적당한 높이의 의자나 침대 등을 이용해 탄탄한 다리와 탄력 있는 힙을 만들자.

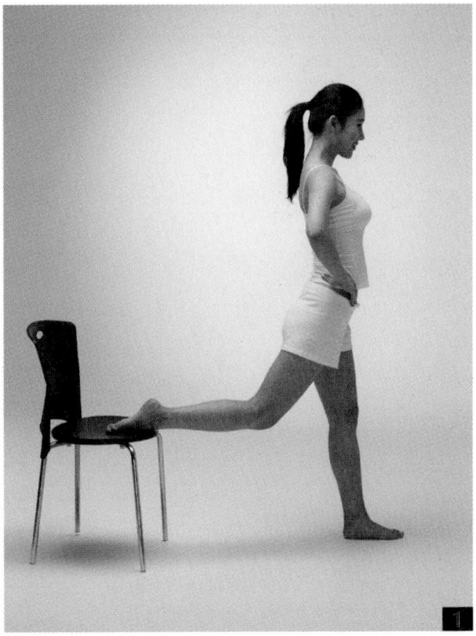

1

2

똑바로 선 상태에서 뒤로 한쪽 발을 뻗어 발끝을 의자 위에 놓고 반대쪽 다리를 곧게 펴고 전방 15도 방향을 주시하며 선다.
숨을 들이쉬며 서서히 다리를 직각이 될 때까지 내린다.
이때 앞쪽의 무릎은 발끝을 넘어가지 않게 하고 의자에 걸쳐 있는 다리는 최대한 균형을 잡는 데 신경을 쓴다.
다리가 직각이 될 때까지 내린 후 1~2초 정도 멈췄다가 허벅지 뒤쪽과 힙에 힘을 주며 똑바로 일어선다.
다리에 탄력이 생김은 물론 힙이 올라가고 시각적으로 다리가 길어 보이는 효과를 얻을 수 있다.

	횟수	세트	휴식
초급자	6~8	2~3	약 90초
중급자	8~12	3~4	약 60초
고급자	12~15	4~5	약 30초

Chapter 4

그녀의 유혹

남성 정상위 자세의 변형 동작으로 여자의 유연성과 남자의 부드러운 리드가 아름답게 조화를 이뤄야 한다. 여자는 자신의 다리를 남자의 팔 안쪽으로 넣어 남자의 어깨 위에 걸치거나 팔 위로 구부린다. 이 자세에서는 여자의 복부에 지방이 많다면 뱃살이 접힐 수 있기 때문에 날씬한 복부를 만들어야 하고 힙과 허리의 유연성이 좋아야 훨씬 편안하게 사랑을 나눌 수 있다.

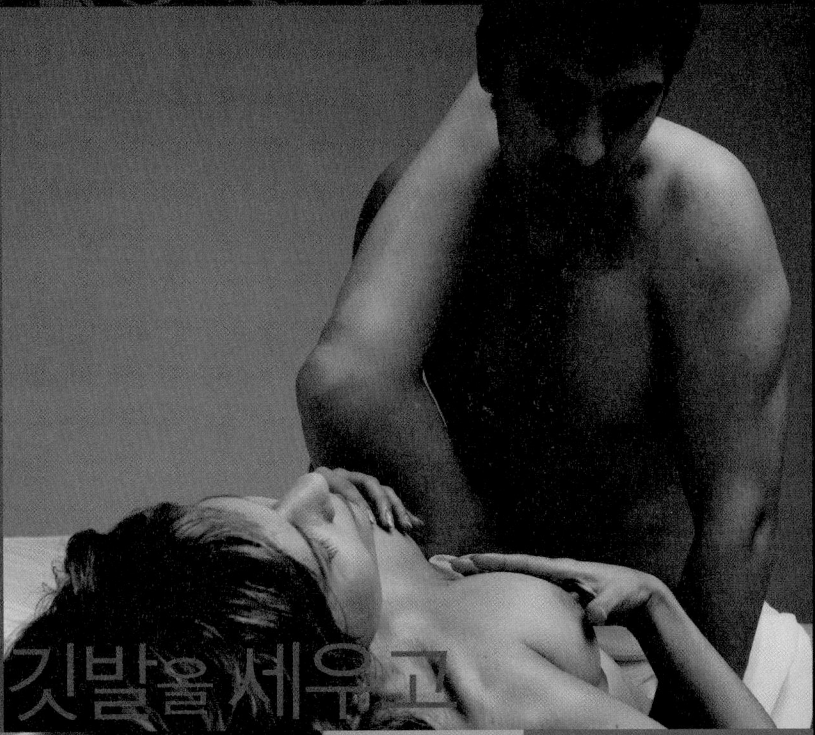

깃발을 세우고

여자의 한쪽 다리를 들어 올리고 여자의 몸을 살짝 옆으로 기울게 한다.

러브 머신

여자의 무릎을 구부린 후 남자가 야구 경기의 포수처럼 앉아 사랑을 한다.

Stretching

힙/다리/허리

이 자세에서 여자는 **허리와 힙**이 유연해야 하기 때문에 유연성을 키우기 위한 스트레칭이 매우 중요하다.

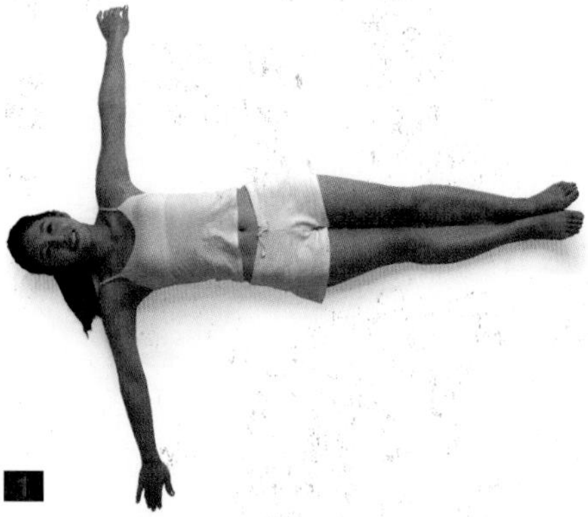

편안하게 양팔을 벌리고 누운 자세에서 오른쪽 다리를 곧게 올려 왼쪽으로 내려준다.
이때 양쪽 어깨와 팔이 바닥에서 떨어지지 않아야 하고 시선은 오른쪽을 바라본 채 10초 정도 이 자세를 유지한다.
반대쪽도 똑같이 실시한다. (2~3회 반복)

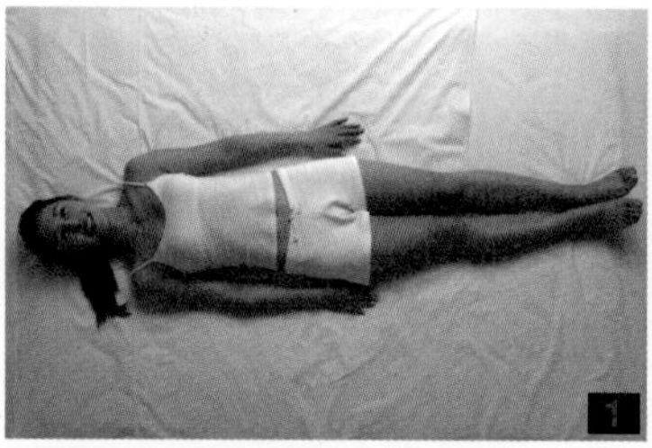

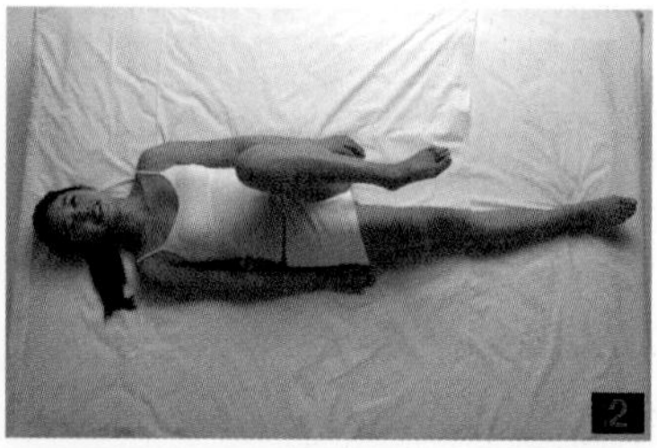

편안히 누운 자세에서 한쪽 다리는 곧게 펴주고 다른 한쪽 다리의 무릎을 양손으로 가슴까지 잡아당긴다.
5~10초 정도 멈췄다가 한쪽 팔은 옆으로 뻗고 한쪽 손은 무릎을 잡은 채 옆으로 돌린 후 다시 잠시 멈췄다가 서서히 원 위치로 돌아간다.
반대쪽도 똑같이 실시한다. 힙과 다리의 유연성을 좋게 한다. (2~3회 반복)

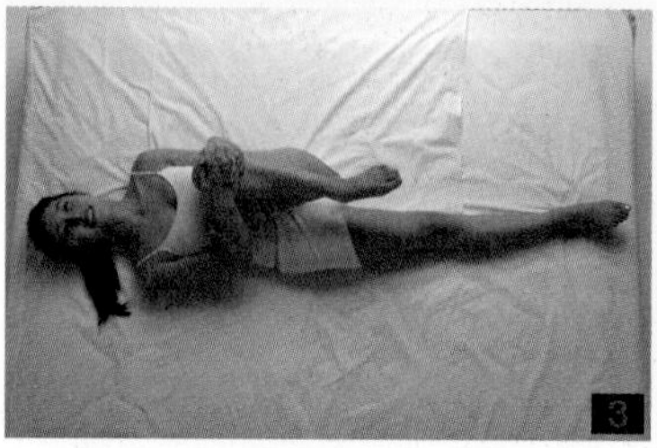

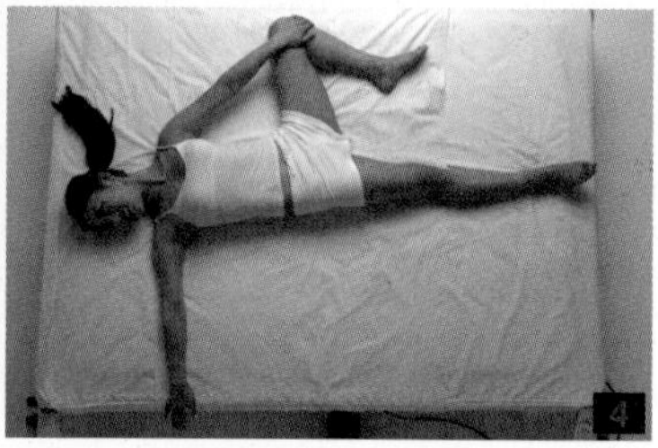

허벅지/힙

이 자세는 남녀의 사랑을 나누는 데도 도움을 주지만, 특히
출산 후 확장된 골반을 조여주고 엉덩이를 탐스럽게 만든다.

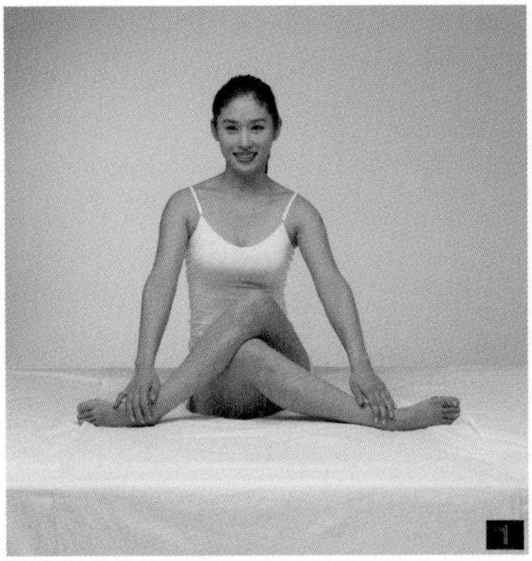

허리를 바르게 세우고 한쪽 다리를 반대쪽 다리 위에 올린 후 양손으로 발바닥을 잡고 앉는다.
등과 어깨를 바르게 펴고 가슴을 천천히 내려 무릎 위에 밀착시키고 목의 힘을 빼고 이 자세를 30초 정도 유지한다.
이때 허리를 절대 둥글게 구부리지 말고 곧게 편 자세 그대로 밑으로 숙인다. (2~3회 반복)

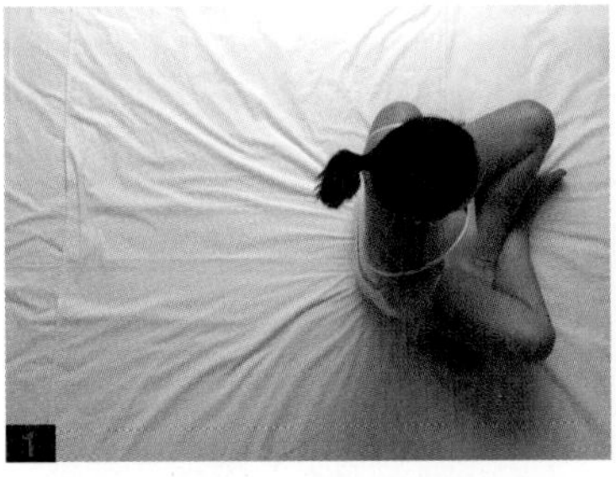
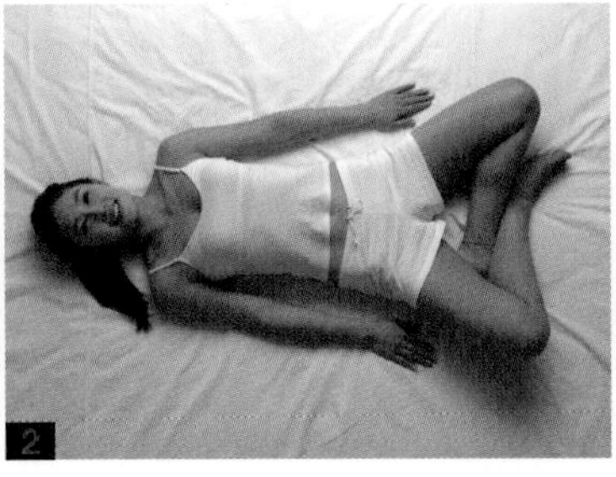
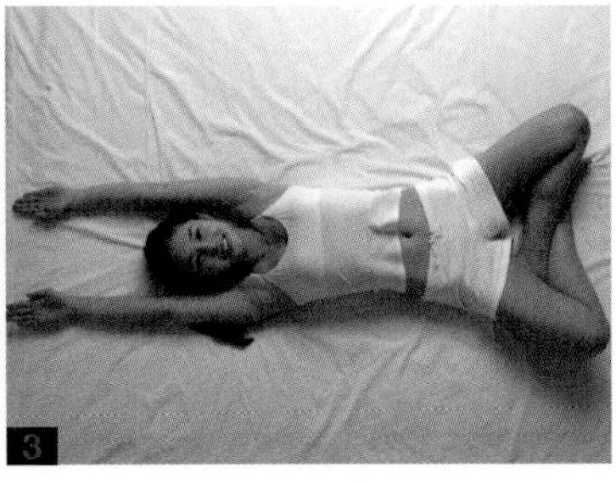

편안한 자세로 책상다리를 하고 앉는다.
양팔을 머리 위로 뻗으며 그대로 상체를 천천히 뒤로 눕힌다.
허벅지와 힙, 골반을 유연하고 강하게 만들 수 있다. (2~3회 반복)

Weight Training

복부

크런치 이 체위에선 여자가 힙과 허리의 유연성이 없거나 뱃살이 많이 나오면 부담스러울 수 있다.
대표적 복부 운동 크런치로 뱃살을 줄여보자.

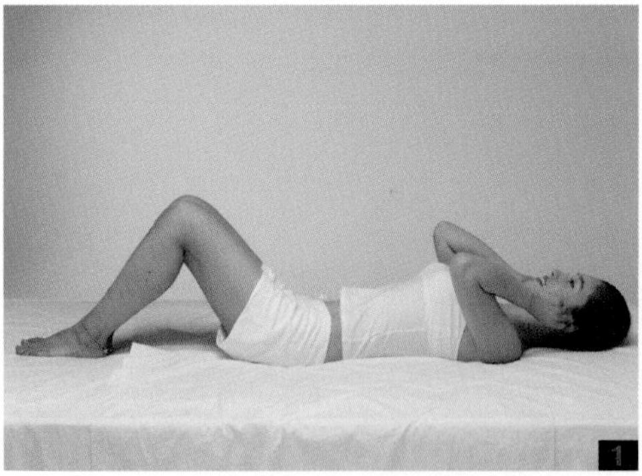
1

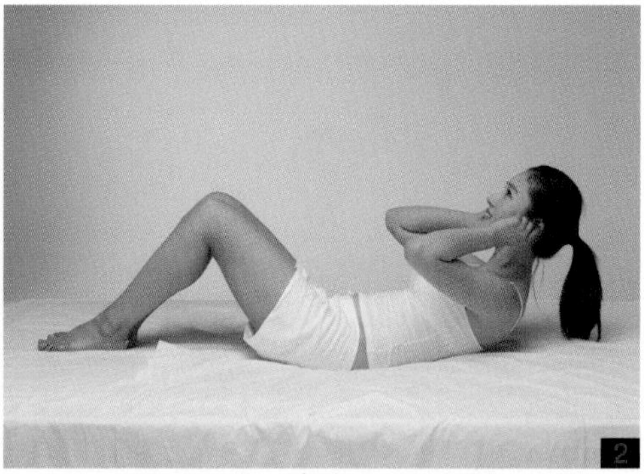
2

상복근

편안히 누운 상태에서 무릎을 직각으로 구부리고 양손은 목 뒤에 놓는다.
일어날 때 숨을 내쉬는데 완전히 올라가지 말고 어깨가 바닥에서 살짝 떨어질 정도만 몸을 일으킨다.
다시 숨을 들이마시며 원 위치로 돌아간다.
이때 손으로 목을 억지로 잡아당기지 않아야 한다. 두 다리를 올리고 실시하면 훨씬 강한 자극을 복부에 줄 수 있다.

리버스 크런치

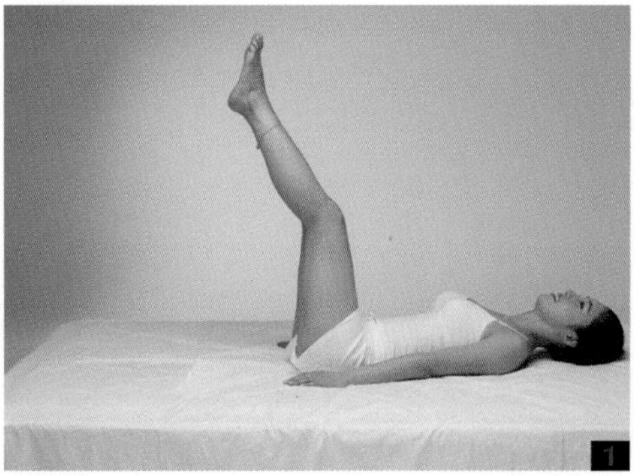
1

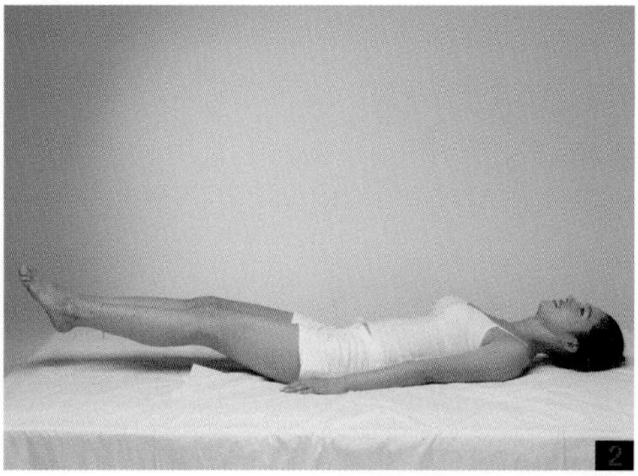
2

하복근

리버스 크런치로 날씬한 하복부를 만들어보자. 편안히 누워 무릎을 살짝 굽혀 들어 올린다. 이 상태에서 다리를 바닥에 닿기 전까지 내린 후 1~2초 정도 멈췄다가 다시 원 위치로 돌아간다.
숨은 다리를 내릴 때 들이쉬고 올릴 때 내쉰다.

	횟수	세트	휴식
초급자	7~10	2~3	약 90초
중급자	10~15	3~4	약 60초
고급자	15~20	4~5	약 30초

복근/힙/괄약근

여자의 체위에 바로 적용되는 자세다. 이 동작은 **복근** 중에서도 특히 하복근과 힙, 허벅지 안쪽 괄약근을 효과적으로 운동시킬 수 있다.

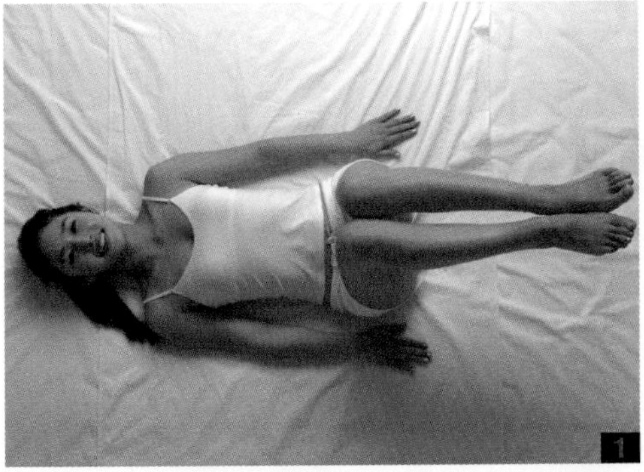
1

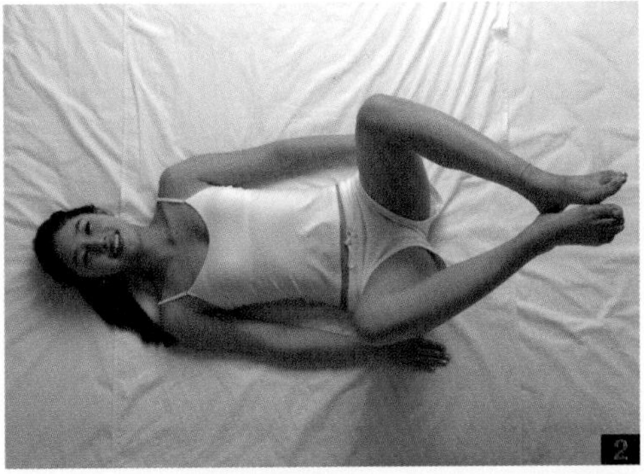
2

3

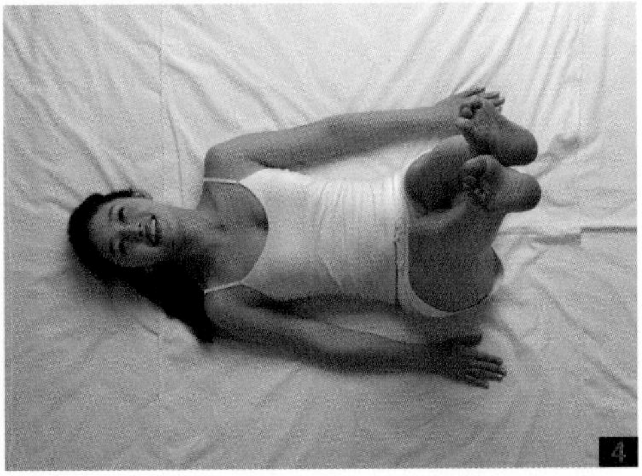
4

편안히 양팔을 벌려 누운 자세에서 무릎을 붙여 직각으로 만든다.
처음 동작은 다리가 다이아몬드 모양이 되게 무릎을 벌리고 발바닥을 붙인다.
그리고 허공에서 다리를 옆으로 크게 벌린 후 스트레칭을 한다.
다시 허벅지 안쪽에 힘을 주며 두 다리를 똑바로 모은다.
이때 동작을 빨리 하려고 하기보다는 정확한 동작으로 천천히 실시해야 효과가 크다.

	횟수	세트	휴식
초급자	7~10	2~3	약 90초
중급자	10~15	3~4	약 60초
고급자	15~20	4~5	약 60초

옆구리

사이드 벤드 날씬한 복근을 원한다면 상 · 하복근만이 아니라 **옆구리 쪽의 군살도 반드시 제거**해야 한다.

1

2

허리의 라인과 옆구리의 외복사근을 멋지게 만들어보자.

한쪽 손은 가볍게 머리 뒤에 놓고 반대쪽 손으로는 적당한 무게의 덤벨을 든다.

상체는 바르게 유지한 채 덤벨을 든 손을 무릎 옆까지 부드럽게 내린다.

1~2초 정도 멈췄다가 다시 처음 자세로 돌아온다.

이때 머리는 손이 아니라 옆구리에 있는 외복사근의 힘으로 당겨야 한다.

그동안 윗몸일으키기만 고집했다면 이 운동을 추가해라. 놀라운 경험을 하게 될 것이다.

옆구리

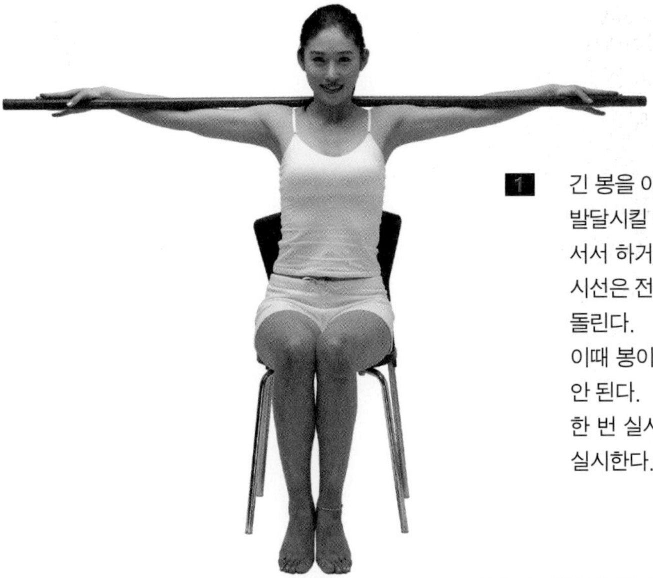

1 긴 봉을 이용해 허리를 돌려 옆구리의 군살과 허리의 유연성을 발달시킬 수 있다.
서서 하거나 의자의 끝에 걸터앉는다.
시선은 전방을 향한 채 허리와 옆구리의 힘만으로 봉을 좌우로 돌린다.
이때 봉이 어깨에서 떨어질 정도로 과격하거나 빠르게 돌리면 안 된다.
한 번 실시할 때 3~5분 정도 쉬지 않고 리듬감 있고 부드럽게 실시한다.

2

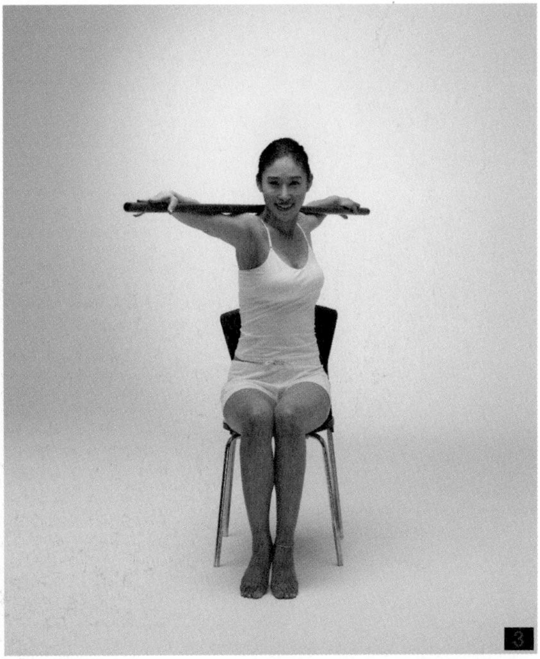

3

	횟수	세트	휴식
초급자	10~15	2~3	약 90초
중급자	15~20	3~4	약 60초
고급자	20~25	3~4	약 60초

Chapter 5

밤의 여왕

힘보다는 테크닉이 더 요구되는 자세로 대표적인 여성상위체위다.
여자는 자신의 허벅지를 세게 조이면서 이 자세를 이끌 수 있다. 여자의 허리 힘과 리드미컬한 테크닉이 조화를 이뤄야 한다.

》 Tips 파트너는 여자의 가슴을 부드럽게 애무하며 허리를 약간 들어주듯 힘을 준다.

무서운 미녀

여자가 팔을 뒤로 짚고 상체를 45도 뒤로 젖힌다.

섹시한 그녀

여자가 남자 위에서 두 다리를 모으고 똑바로 눕는다.

Stretching

허리

여자의 허리 유연성과 테크닉이 모두 필요한 체위이므로 허리를 집중적으로 스트레칭하자.

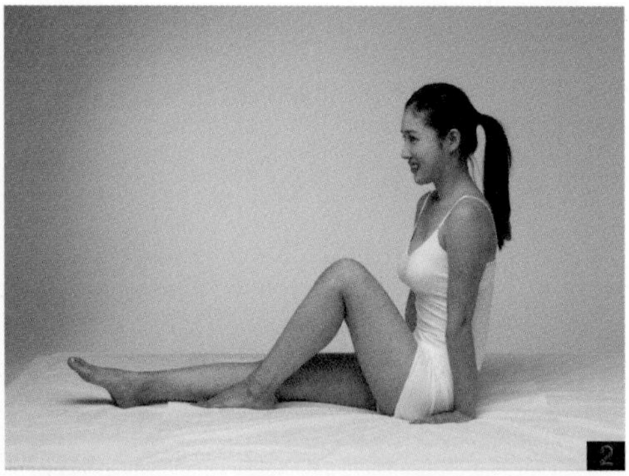

상체를 바르게 펴고 다리를 곧게 뻗어 앉는다.
한쪽 무릎을 직각으로 세우고
반대쪽 팔을 무릎에 놓는다.
이때 상체는 바르게 펴고 시선은 뒤를
향하며 5~10초 정도 이 자세를 유지한다.
반대쪽도 똑같이 실시한다.
허리와 옆구리를 날씬하게 만들 수 있다.
(2~3회 반복)

양발을 어깨 너비로 벌린 후 양손을 허리 위에 얹고 허리를 가볍게 좌우로 돌린다.
허리 유연성을 키우고 긴장감을 풀어줄 수 있다. (2~3회 반복)

허리

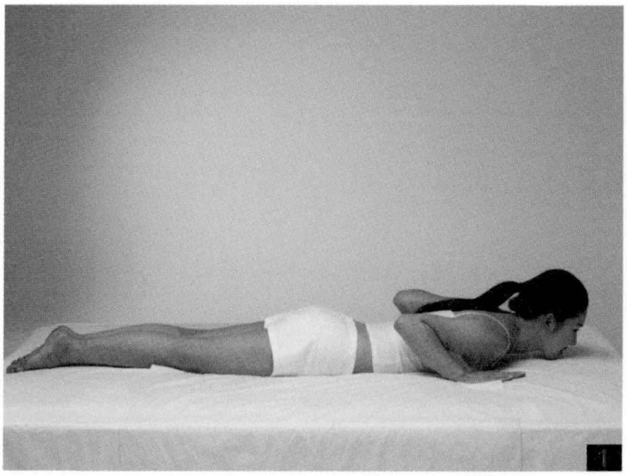

일명 코브라 자세로서 복부의 긴장감과 허리 주변의 유연성을 높인다.
턱을 바닥에 두고 양손을 가슴 옆에 위치한 후 편안히 엎드린다.
숨을 들이마시며 팔을 쭉 펴고 상체를 일으킨다.
이때 시선은 바닥이 아니라 그대로 전방을 향한다.
5~10초 정도 복부의 긴장감을 유지한 채 멈췄다가 서서히 원 위치로 돌아온다.
허리와 복부의 스트레칭 효과를 볼 수 있다. (2~3회 반복)

허리

<u>백 익스텐션</u> **커플**이 함께 운동해보자.

1

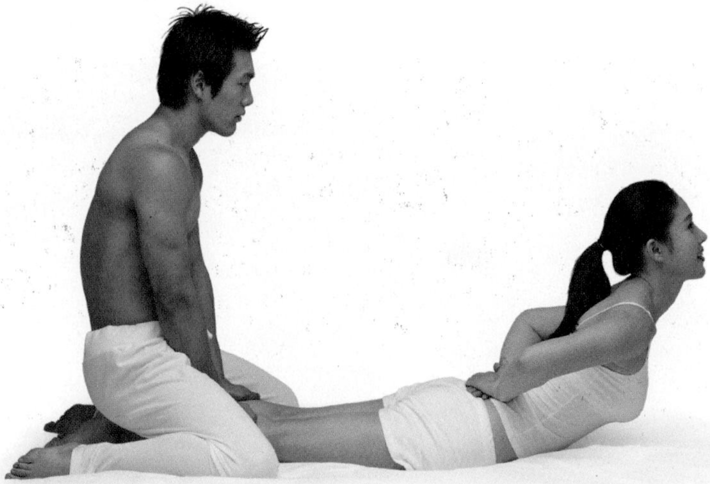

2

남자가 여자의 발목을 잡는다.
여자는 양손을 허리 뒤로 하고 엎드린다.
숨을 들이마시며 서서히 가슴을 펴고 상체를 일으킨다.
이때 5~10초 정도 멈췄다가 다시 숨을 내쉬며 서서히 원 위치로 돌아간다.
이 동작을 서로 번갈아가며 실시해보고 숙련되었을 때 양팔을 뻗고
실시하면 훨씬 강한 운동 효과를 볼 수 있다.

	횟수	세트	휴식
초급자	6~8	2~3	약 90초
중급자	8~10	3~4	약 60초
고급자	10~15	4~5	약 60초

허리

덤벨 로

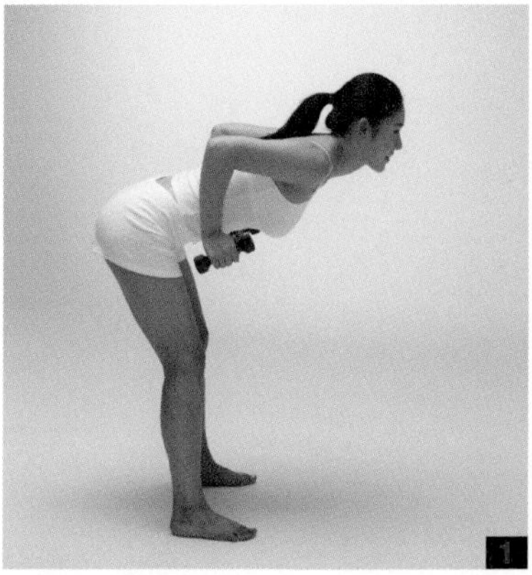

상체를 바르게 유지한 후 바벨이나 덤벨을 들고 다리는 어깨 너비 정도로 벌린다.
숨을 들이마시며 무릎을 살짝 구부린 상태로 상체를 바르게 유지한 채 덤벨을 무릎 바로 아래까지 천천히 내린다.
1~2초 정도 멈췄다가 숨을 내쉬며 허리에 긴장감을 유지하며 원 위치로 돌아온다.
등과 허리의 아름다운 라인을 만들어주고 탄력이 생기게 한다.

	횟수	세트	휴식
초급자	6~8	2~3	약 90초
중급자	8~10	3~4	약 60초
고급자	10~15	3~4	약 60초

C h a p t e r 6

에스컬레이터

남자 위에 여자가 편한 자세로 마주 앉아 자신의 팔과 다리로 남자를 감싼다. 육체적 · 정신적으로 최고의 밀착감을 경험할 수 있다.
이 자세는 모두 끌어안고 사랑을 나누는 자세이기 때문에 남녀 서로 당기는 근육, 즉 팔 앞쪽의 이두근과 등근육이 많이 사용된다.

〉〉 Tips 남자가 여자의 몸을 리듬에 맞춰 가볍게 들어주면 여자가 좀 더 쉽게 몸을 놀릴 수 있다. 서로의 몸을 최대한 밀착시켜 스킨십을 유도하라. 부드럽게 여자의 앞뒤 왕복 운동도 가능하다.

남자가 여자를 조심스럽게 안고 눕는다.
여자는 정상위 자세를 취한다.

밤의 여왕
내 사랑 감싸기

남자의 리드로 여자를 뒤로 눕히고 가장 기본 체위인 남성상위체위로 자세를 잡는다.

Stretching

옆구리/허리

남자의 근육 중 **등 근육과 팔 앞쪽의 이두근**이 강해야
여자가 더욱더 쉽게 사랑에 몰입할 수 있도록 리드할 수 있다.

1 2 3

서로 마주 보고 선다.
한쪽 무릎을 마주 대고 양손을 머리 위로 잡아 서로 반대 방향으로 부드럽게 당긴다.
5~10초 정도 멈췄다가 반대쪽도 똑같이 실시한다. (2~3회 반복)

팔

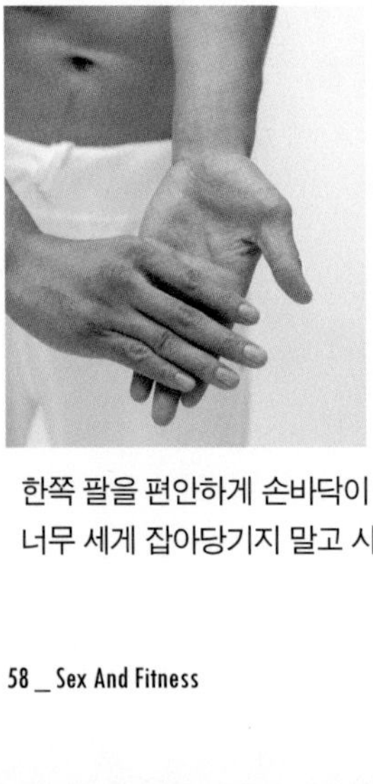

1

2

한쪽 팔을 편안하게 손바닥이 하늘을 향하게 내밀고 반대쪽 손으로 지그시 잡아당긴다.
너무 세게 잡아당기지 말고 시원한 느낌이 들 정도로 5~10초 정도 교대로 이두근과 전완근을 스트레칭한다.

등

무릎을 꿇고 앉은 자세에서 양손은 바닥을 짚는다.
숨을 크게 들이마시며 등을 들어 올린 후
고개는 아래로 숙인다.
5~10초 정도 멈췄다가 서서히 원 위치로 돌아온다. (2~3회 반복)

1 2 3

다리는 어깨 너비보다 조금 넓게 벌리고 파트너와 함께 어깨에 양손을 짚고 선다.
상체를 바르게 편 후 등을 구부리지 않고 가슴을 들어 올린 상태로
서서히 얼굴을 마주 보며 직각이 될 때까지 서서히 숙인다.
5~10초 정도 멈췄다가 원 위치로 돌아온다. (2~3회 반복)

Weight Training

등

등 근육은 우리의 신체 근육 가운데 큰 근육 중의 하나이다.
남자는 넓고 두툼한 등을, 여자는 아름다운 S라인의 등을 만들어보자.

1

2

	횟수	세트	휴식
1주	10~12	2~3	약 90초
2주	8~12	3~4	약 60초
3~4주	12~15	3~4	약 60초

적당한 길이의 수건을 이용한다.
서로 다리를 넓게 벌리고 서서 한 사람은 수건의 양 끝을, 파트너는 수건의 가운데를 잡는다.
한 사람이 먼저 숨을 들이마시며 잡아당기고 손이 가슴 앞까지 왔을 때 1~2초 정도 멈춘 후 등의 긴장감을 느끼며 원 위치로 돌아간다. 서로 번갈아가며 실시한다.
이때 항상 가슴을 내밀고 팔보다는 등의 근육을 이용해 당겨야 한다.

덤벨 로

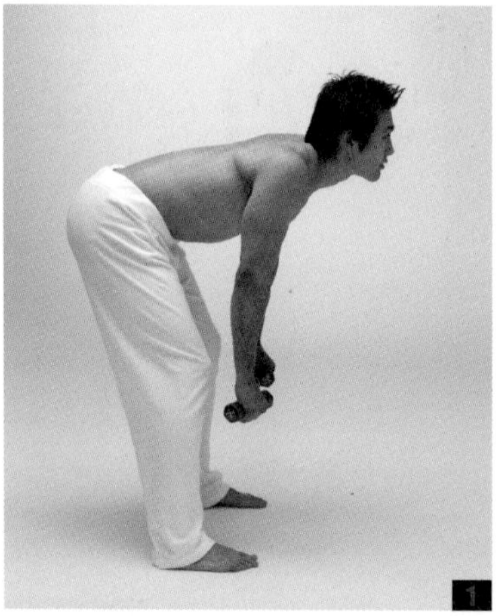
1

2

	횟수	세트	휴식
초급자	6~8	2~3	약 90초
중급자	8~10	3~4	약 60초
고급자	10~15	4~5	약 60초

양손에 물을 채운 물통을 들고 다리를 어깨 너비 정도로 벌리고 상체를 숙인 후 무릎을 살짝 구부린다.
숨을 들이쉬며 손의 위치가 옆구리까지 오게 물통을 당겨 올린 후 등을 꽉 조여주는 느낌으로 1~2초 정도 멈췄다가 호흡을 내쉬며 서서히 원 위치로 돌아간다.
이때 등과 허리를 절대 구부려서는 안 되고 등의 긴장감을 운동하는 내내 유지해야 한다.

이두근

덤벨 컬 물건을 들어 올리거나 잡아당길 때 가장 많이 사용되는 근육으로, 흔히 알통이라고 하는 **이두근 운동**이다. 덤벨이나 물을 채운 물통을 갖고 운동해보자.

1

2

상체를 바르게 유지한 후 물통을 양손에 잡고 발은 어깨 너비로 벌린다.
숨을 들이쉬며 양팔을 어깨 높이까지 들어 올린 후 1~2초 정도 멈췄다가 원 위치로 돌아간다.
이때 몸이 흔들리지 않도록 고정한다. 어깨나 팔꿈치가 움직이면 운동의 효과가 떨어지므로 주의한다.
앉아서 정확한 동작으로 한 팔씩 교대로 운동하면서 집중력을 높여보자.

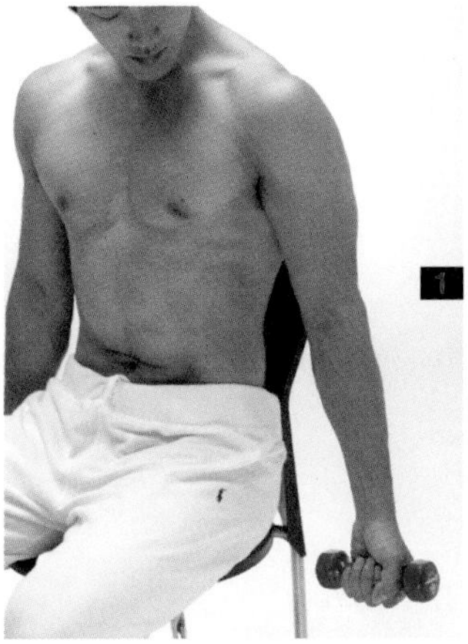

1

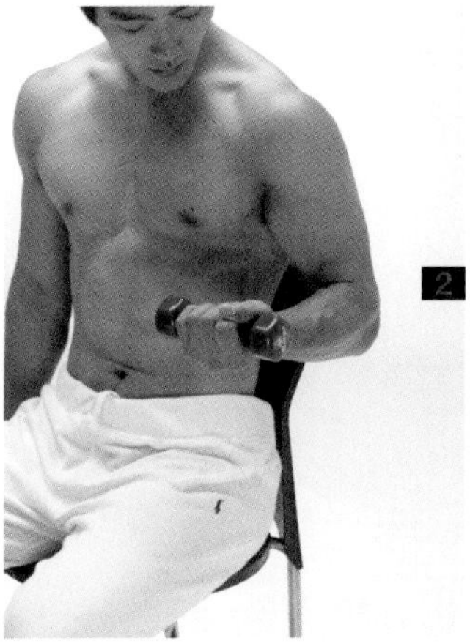

2

	횟수	세트	휴식
초급자	6~8	2~3	약 90초
중급자	8~10	3~4	약 60초
고급자	10~15	3~4	약 60초

Chapter 7

판타지아

전형적인 후배위 자세다. 여자가 양손과 무릎을 바닥에 대고 엎드리면 남자가 뒤에서 사랑을 해주는 자세로 여성의 힙에 탄력과 볼륨감이 크면 클수록, 또 허리가 많이 휘면 휠수록 남자의 시각적인 자극이 커진다. 그리고 여자는 자신의 무게를 양팔로 버티는 자세이기 때문에 상체의 근력을 키워야 한다.

남자가 허리와 힙 그리고 허벅지 뒤쪽의 근육을 강하게 만들면 사랑을 나누는 데 도움이 된다.

〉〉 Tips 남자가 여자의 허리를 잡고 왕복 운동을 하면 좀 더 깊게 삽입할 수 있다.
여자의 G스팟을 최고로 자극할 수 있는 자세다.

남자가 여자의 상체를 일으켜 세운 후 뒤에서 감싸안는다.

사랑 느낌 좋아해요

여자는 자연스럽게 다리를 벌린 채 엎드리고 남자가 그 위에 몸을 포갠다.

Stretching

허리

등과 허리의 유연성을 키워주는 스트레칭을 해보자.

무릎과 양손을 바닥에 대고 엎드린다.
힙과 다리 모양을 직각으로 세우고 양팔을 쭉 뻗어
턱을 바닥에 대고 5~10초 정도 멈췄다가 원 위치로 돌아온다.
등과 허리, 그리고 어깨까지 스트레칭되는 효과가 있다. (2~3회 반복)

다리는 어깨 너비만큼 벌린 후 고정된 물체를 양손으로 잡고 상체를 옆으로 틀어
등이 스트레칭되게 잡아당기고 3~5초 정도 멈췄다가 원 위치로 돌아온다.
반대쪽도 똑같이 교대로 실시한다. (2~3회 반복)

힙/다리

덤벨 스쿼트 남자는 다리와 특히 힙의 근육을 집중적으로 운동한다.

1

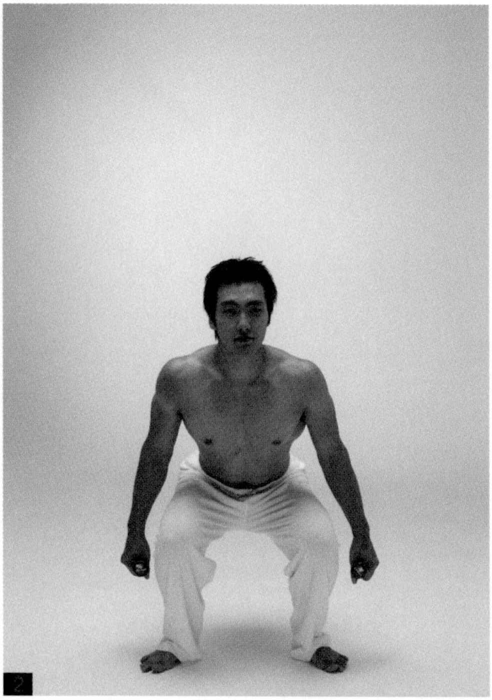
2

다리를 어깨 너비 정도로 벌린 후 팔짱을 끼거나 양손에 덤벨을 든다.
가슴을 펴고 숨을 들이마시며 다리가 직각이 될 때까지 앉았다가 1~2초 정도 멈춘 후 일어난다.
이때 무릎이 발가락보다 앞으로 나오지 않게 해야 한다.
무릎과 발의 모양을 양옆으로 45도 각도로 벌려서 운동하면
특히 허벅지 안쪽 근육을 많이 운동시킬 수 있다.

	횟수	세트	휴식
초급자	6~8	2~3	약 90초
중급자	8~10	3~4	약 60초
고급자	10~15	4~5	약 60초

가슴

푸시 업 이 운동은 여자의 가슴은 물론 어깨와 팔의 근력을 탄력 있게 만들 수 있다.

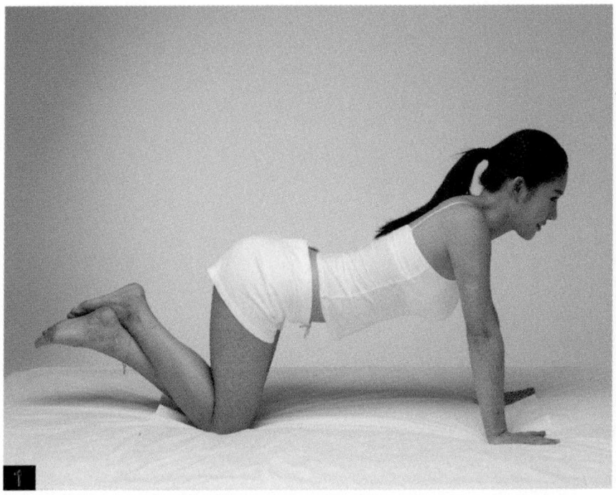

팔은 어깨 너비보다 좀 더 넓게 벌린 후 무릎을 바닥에 댄다.
숨을 들이마시며 가슴과 턱이 바닥에 닿기 전까지 내린다.
이때 1~2초 정도 멈췄다가 다시 원 위치로 돌아온다.

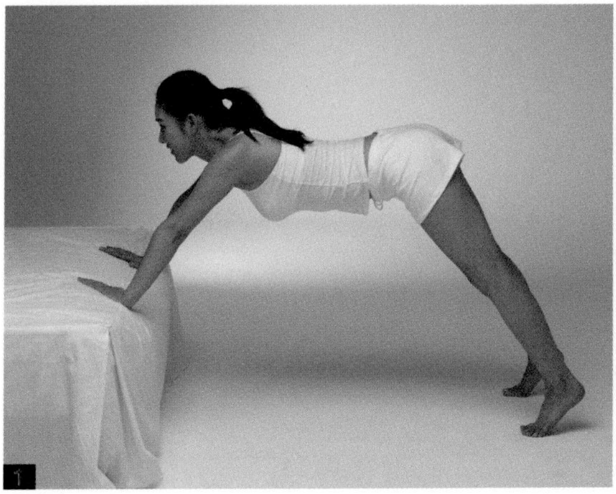

침대를 이용해 운동하면 가슴의 아랫부분을 탄력 있게 만들 수 있다.

	횟수	세트	휴식
초급자	6~8	2~3	약 90초
중급자	8~10	3~4	약 60초
고급자	10~15	4~5	약 60초

Chapter 8

사랑과 영혼

영화에서 본 듯한 동작으로, 남자가 여자를 든 채로 사랑을 나누는 자세다.
여자의 체격이 아담하고 상대적으로 남자의 체격이 크고 힘이 세다면 충분히 시도해볼 만하다.

》Tips 남자의 강한 하체와 팔의 힘이 절대적으로 필요하다.
자연스러운 왕복 운동은 남자의 팔 힘이 여자를 지탱할 수 있는지에 달려 있다.
만약 이런 사랑을 오래 유지할 수 있다면 여자는 남자를 평생 잊지 못할 것이다.

로맨틱 가든

여자가 한쪽 다리를 바닥에 짚으면, 남자는 다른 쪽 다리를 들어 올린다.

폭풍의 언덕

여자는 남자를 뒤로하고 서서 몸을 앞으로 숙인다.

하체

사랑을 나누는 동안 남자는 여자를 들고 있어야 하기 때문에 몸의 중심을 잡고 지지하는 하체를 강화해야 한다.

1

2

한쪽 팔을 사선으로 쭉 뻗은 후 반대쪽 다리를 뒤로 잡아당기고 3~5초 정도 멈춘다.
허벅지 앞쪽을 탄탄하게 할 수 있다. (2~3회 반복)

힙

탄력 있는 힙과 강한 허리를 만드는 운동이다.
남자의 괄약근은 물론 **섹스에 사용되는 모든 부위**에 도움이 된다.

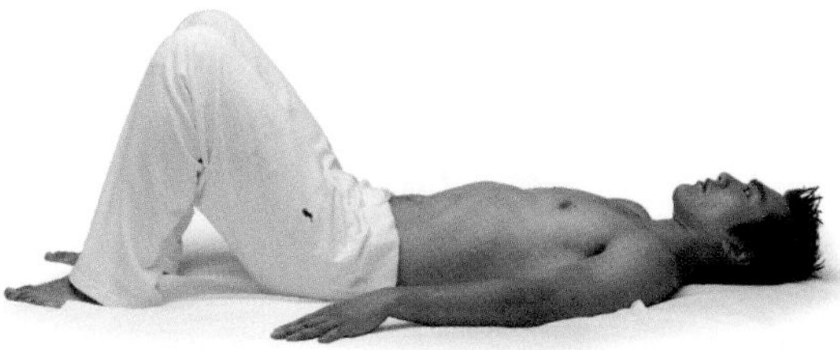

1

2

편안히 누운 상태에서 무릎을 붙이고 발뒤꿈치를 땅에 댄 후 양손은 힙 옆에 둔다.
숨을 들이쉬며 허리와 힙을 최대한 위로 들어 올린다.
5~10초 정도 이 자세를 유지한 후 원 위치로 돌아온다.
남녀 모두 이 운동을 하면 항문과 질 주위를 둘러싸고 있는 PC 근육을 단련할 수 있다.

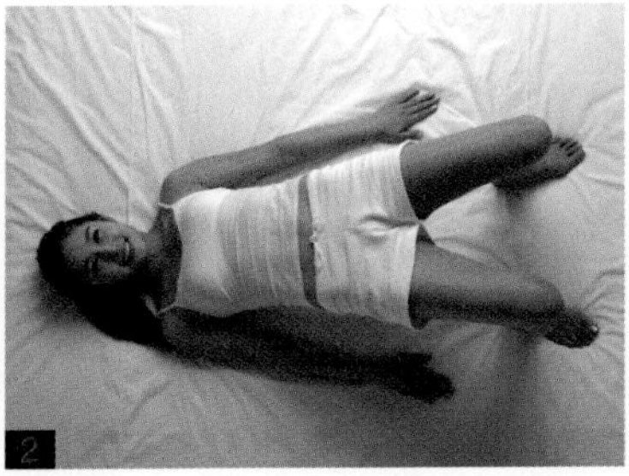

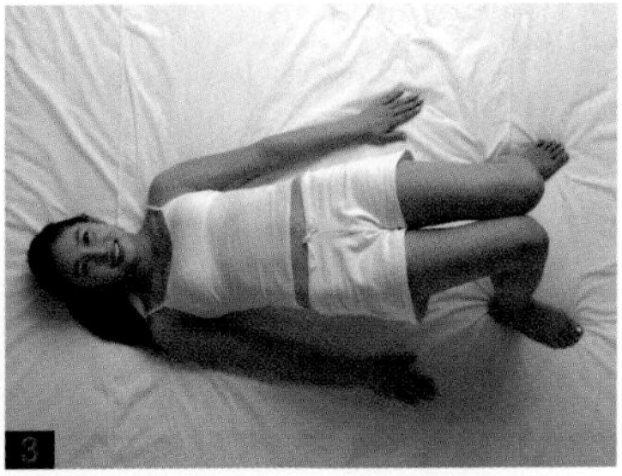

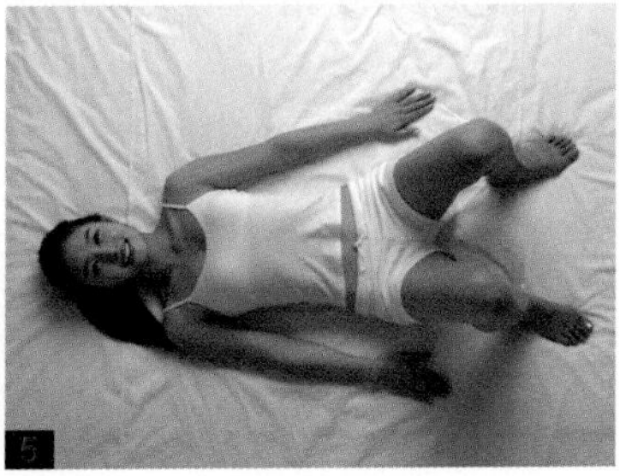

변형 동작으로 네 가지 동작을 정확하게 실시해보자. 더욱더 많은 자극을 느낄 수 있다.

Weight Training

힙/하체

계단 오르기 하체를 강하게 하고 힙을 탄력 있게 해주는 운동이다.

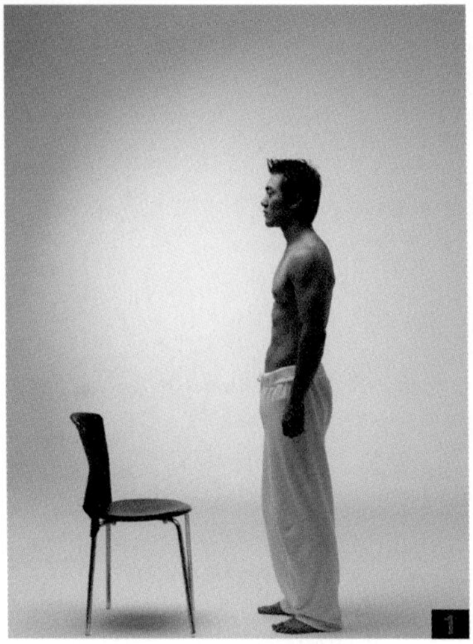

적당한 높이의 의자를 앞에 두고 양손은 허리에 둔 채 한 발씩 의자 위에 올라갔다 내려오기를 반복한다.
의자 위에 올라섰을 때 무릎이 절대 발가락 끝을 넘어선 안 된다.
이 운동은 무척 단순하지만 꾸준히 한다면 전체적인 힘이 한 단계 업그레이드 됨은 물론 하체도 탄력 있게 만들 수 있다.
체지방을 분해하는 유산소 운동의 효과도 기대할 수 있다.

	시간(min)	세트	휴식
초급자	1~2	2~3	약 90초
중급자	2~3	3~4	약 60초
고급자	3~5	3~4	약 60초

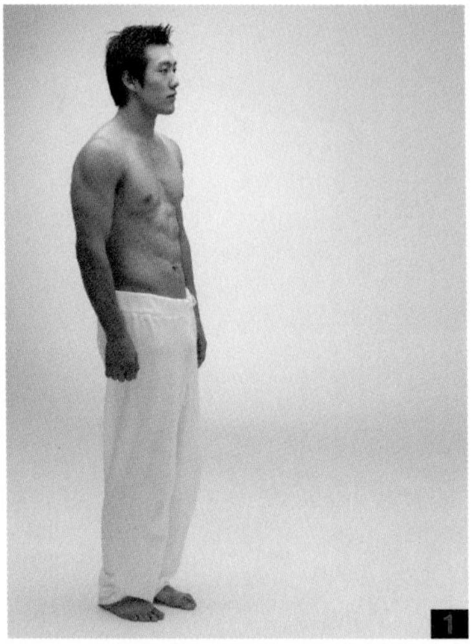

한쪽 다리를 직각으로 세우고 반대쪽 다리를 쭉 뻗으며 상체는 세운 채 양손으로 균형을 잡는다.
5~10초 정도 멈췄다가 반대쪽도 똑같이 반복한다.
허벅지 안쪽과 힙, 종아리를 유연하고 탄력 있게 만들 수 있다. (2~3회 반복)

팔-이두근

적당한 길이의 수건을 이용해서 팔 앞쪽의 근육인 이두근을 강화시키자.

양손에 수건을 들고 발을 어깨 너비로 벌리고 선다.
파트너는 수건의 가운데를 양손으로 아래로 향하게 잡고 선다.
숨을 들이쉬며 수건을 어깨 높이까지 들어 올린 후 1~2초 정도 멈췄다가 서서히 내린다.
이때 파트너는 수건을 밑으로 잡아당기며 적당히 힘을 준다.
운동하는 동안 지속적으로 힘을 유지하는 것이 중요하며 반동을 이용하면 효과가 떨어진다.

	횟수	세트	휴식
초급자	6~8	2~3	약 90초
중급자	8~10	3~4	약 60초
고급자	10~15	3~4	약 60초

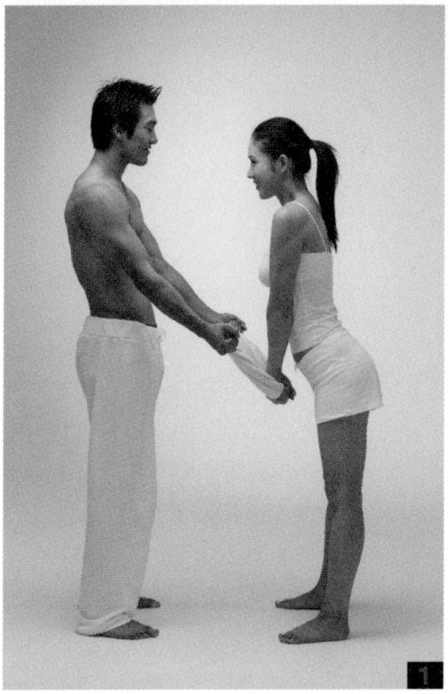

여자는 자연스럽게 팔 뒤의 삼두근이 운동된다.
파트너와 번갈아가며 실시하자.

Chapter 9

탐스러운 복숭아

여성상위의 변형으로 여자가 남자의 발끝을 바라보며 사랑을 나누는 자세다.

특히 남자는 섹스를 하는 모습과 여자의 힙을 바로 눈앞에서 보게 되어 시각적으로 매우 흥분할 수 있다.

여자는 허리와 힙, PC 근육을 단련할수록 극대화된 사랑의 절정을 맛볼 수 있다.

〉〉 Tips 남자와 여자 모두 새롭고 강한 자극을 통해 쾌감을 느낄 수 있다. 깊게 삽입하면서 G스팟을 자극할 수 있다.

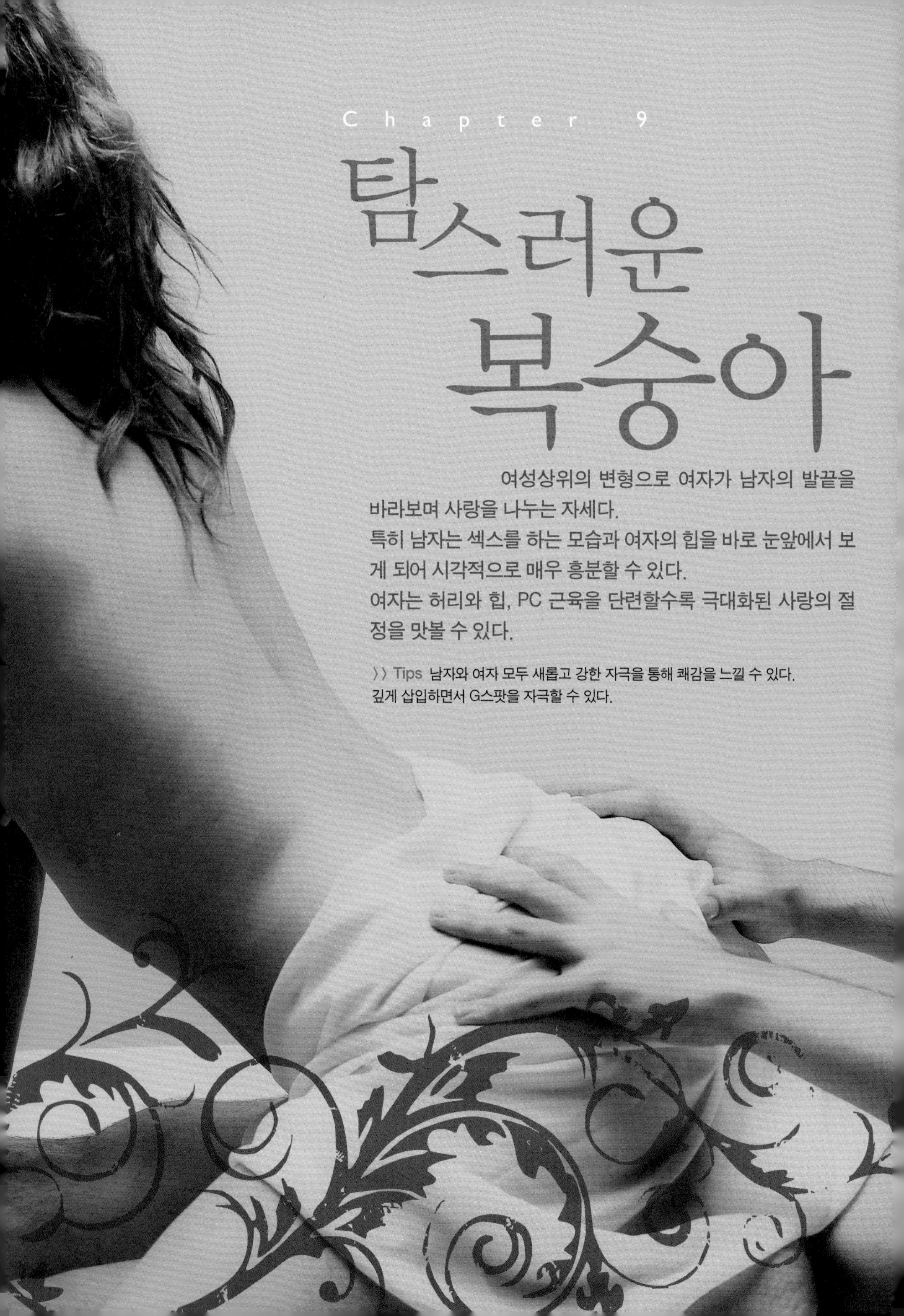

천국의 미소 욕망의 늪

여자가 남자의 몸 위로 눕는다.

남자가 상체를 일으켜 앉는다. 여자는 상체를 앞으로 약간 내밀고 앉는다.

Stretching

S라인

부드럽고 날씬한 **S라인**을 만들자.

고개를 숙여 양손으로 다리를 모으고 몸을 둥글게 만든다.
앞발로 가볍게 차듯이 몸을 뒤로 굴린다.
시계추가 좌우로 움직이듯이 뒤로 움직였다가 다시 원 위치로 돌아온다.
등과 허리를 스트레칭할 수 있다. (2~3회 반복)

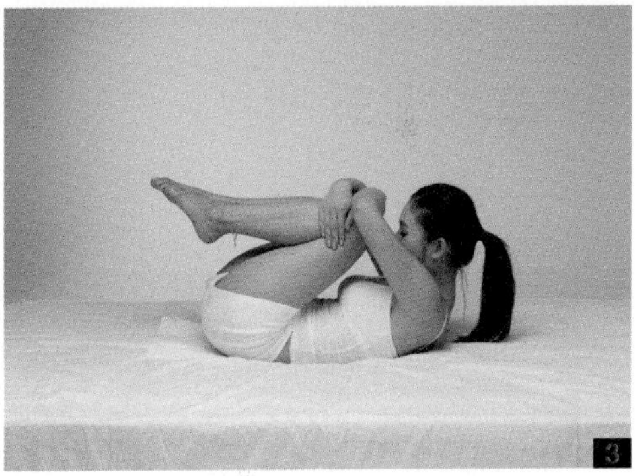

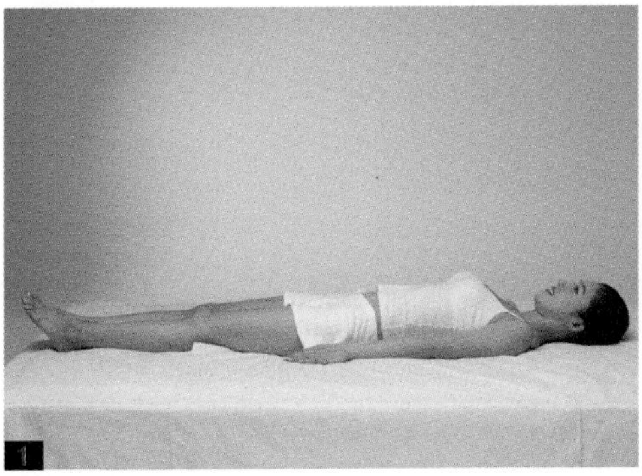

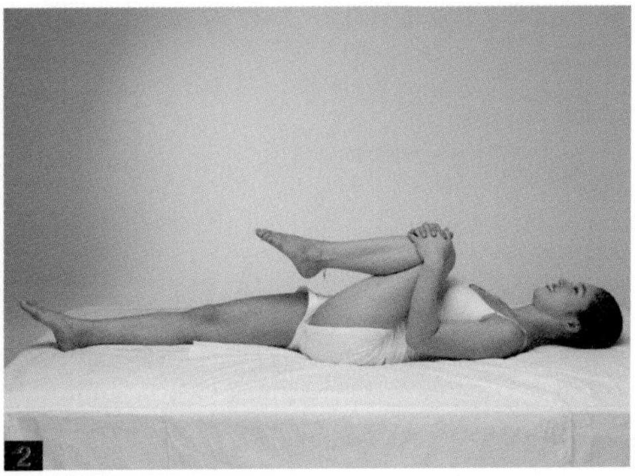

똑바로 누운 상태에서 한쪽 다리를 들어 올려 양손으로 최대한 몸 가까이 잡아당겨 5~10초 정도 스트레칭한다.
몸이 흔들리지 않게 하고 반대쪽도 같은 방법으로 실시한다.
힙 라인을 예쁘게 만들 수 있다.
파트너와 교대로 실시해보자.

허리

백 익스텐션 날씬하고 잘록한 **허리**를 만들자.

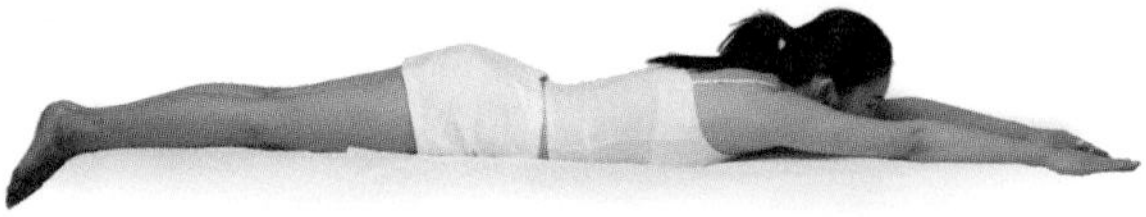

1

양손을 앞으로 쭉 뻗고 똑바로 엎드린다.
숨을 들이쉬며 오른팔과 왼쪽 다리를 제각기 들어 올린다.
2~3초 정도 멈췄다가 숨을 내쉬며 서서히 내린다.
반대쪽도 똑같이 교대로 반복해 실시한다.
덤으로 다리까지 날씬하게 만들 수 있다.

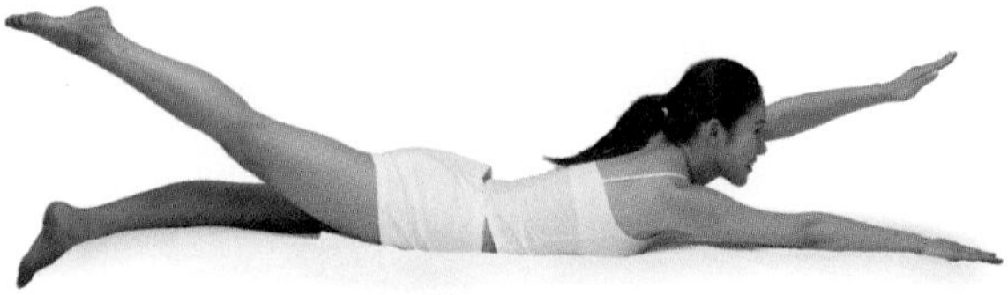

2

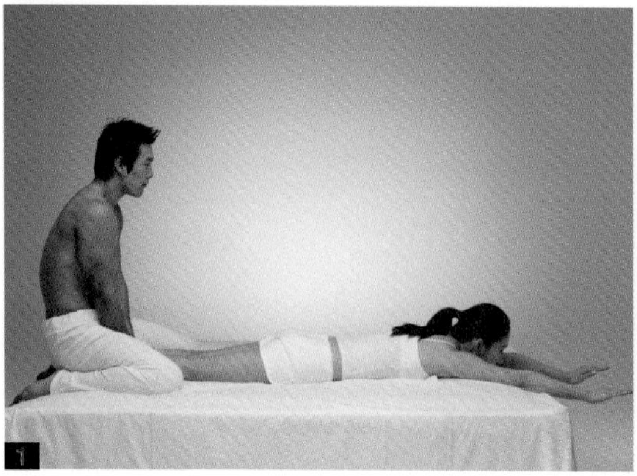

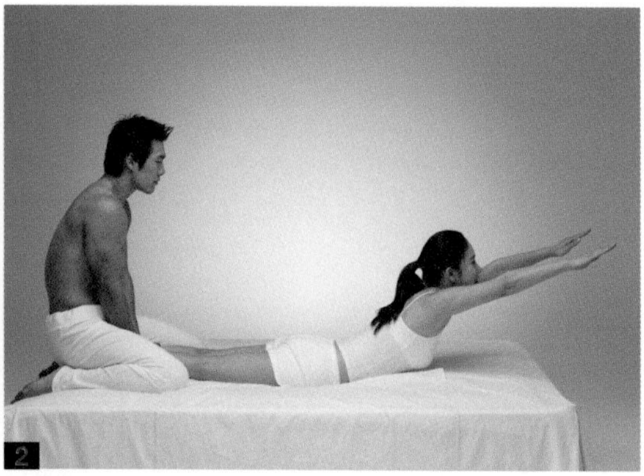

양팔을 앞으로 나란히 뻗고 엎드린 후 파트너가 발뒤꿈치를 잡아준다.
숨을 들이쉬며 상체를 양팔과 함께 들어 올리고
2~3초 정도 멈춘 후 숨을 내쉬며 서서히 내려온다.
특히 허리를 날씬하고 탄력 있게 만들 수 있다.

	횟수	세트	휴식
초급자	6~8	2~3	약 90초
중급자	8~10	3~4	약 60초
고급자	10~15	3~4	약 60초

힙/허벅지 뒤

이 운동은 **힙이 탄력 있게 올라가는 효과**가 있으며 **허벅지 뒤 라인**도 날씬하게 만든다.

양손과 무릎을 바닥에 대고 엎드린다.
다리를 가슴으로 접었다가 뒤쪽으로 힘껏 차올린 후 2~3초 정도 멈췄다가
다시 제자리로 돌아온다.
이 동작을 반복 실시하고 반대쪽도 똑같이 실시한다.

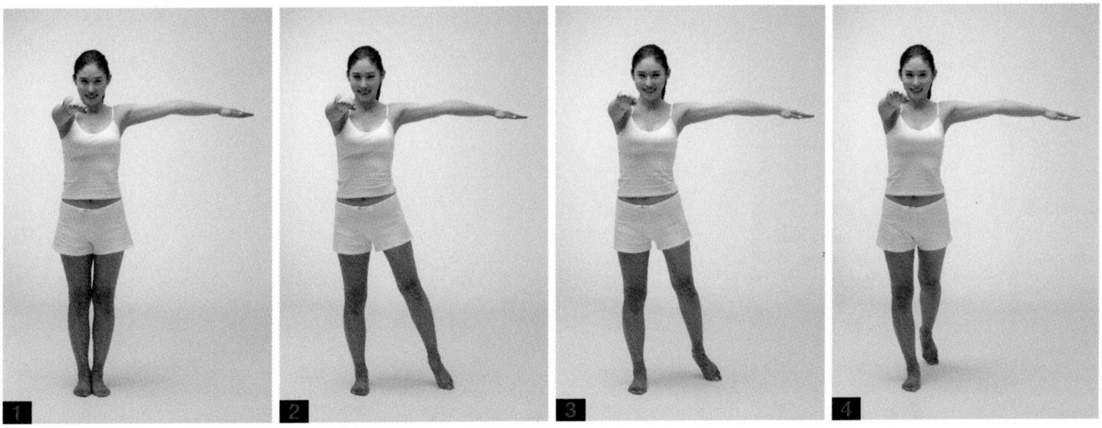

똑바로 선 상태에서 한 팔은 옆으로 다른 한 팔은 앞으로 뻗는다.
다리는 가지런히 모은 상태에서 팔을 뻗은 쪽의 다리를 옆으로, 뒤쪽 사선으로,
그리고 바로 뒤로 킥을 하듯이 다리와 힙에 힘을 주고 뻗는다.
반대쪽도 똑같이 실시한다. 예쁜 힙과 다리 라인을 만들 수 있다.

	횟수	세트	휴식
초급자	10~12	2~3	약 90초
중급자	12~15	3~4	약 60초
고급자	15~20	3~4	약 60초

Part 3

체형별 단점 극복하기

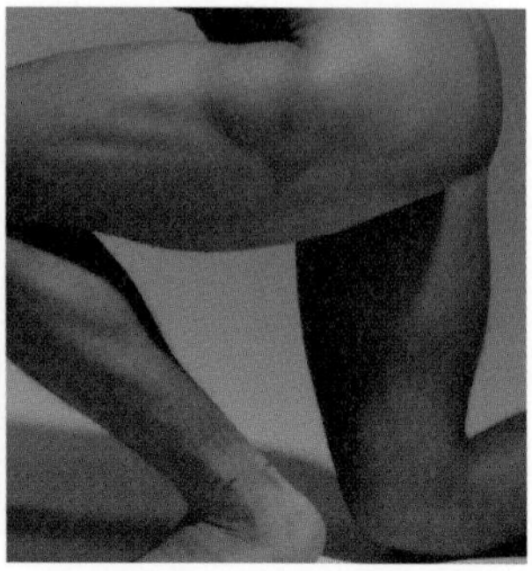

Chapter 1

내 배 좀 어떻게 해줘요

일반적으로 여자 허리 30인치, 남자 허리 36인치 이상이면 복부비만이다. 이런 유형의 비만 체형은 상체나 하체가 표준 체형이라도 뱃속에 체지방이 축적되는 신체적 특징을 나타낸다. 허리 둘레 36인치는 단지 미관상의 문제가 아니라 당뇨와 성인병 같은 대사성 증후군이 나타나는 기준이 된다. 자신의 체형에 따른 복부비만도를 체크해보고 적절한 운동법을 알아보자.

::복부비만의 유형

단지형

복부와 허리가 전체적으로 살찐 단지형 복부비만은 배 부위에 지방이 축적된 피하층 비만이다. 피하지방뿐 아니라 내장지방이 발견되기도 하며 각종 성인병과 합병증이 가장 많이 유발하는 타입이다. 어렸을 때부터 비만인 경우가 많다.

〉〉 Tips 1~2년 이상 규칙적으로 꾸준히 운동해야 하므로 쉽게 지치지 않도록 강도를 너무 높게 하지 않는 것이 좋다.

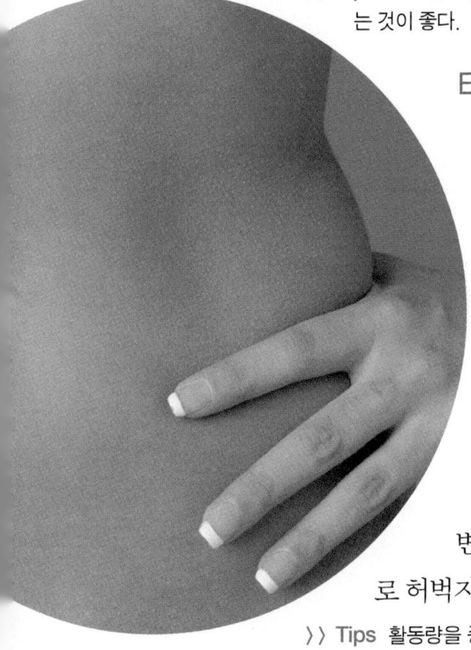

E.T형

다른 신체 부위에 비해 배가 특히 볼록 나온 비만으로 자주 폭식하거나 과식하는 사람에게 나타난다. 내장 사이에 지방이 많이 차 있는데, 내장 사이의 지방세포는 피하지방에 비해 혈액 속으로 쉽게 흘러들어 혈중 콜레스테롤 수치를 높이기 때문에 E.T형 비만은 단지형 비만보다 훨씬 건강에 해롭다.

〉〉 Tips 복부의 체지방 감소를 위해서는 윗몸일으키기 같은 복근 운동보다는 빠르게 걷기나 자전거 타기가 훨씬 효과적이다. 운동은 하루 30분씩 일주일에 5회 정도, 3개월 이상 꾸준히 해야 한다.

아랫배 볼록형

변비가 심하고 활동량이 부족한 여성에게서 흔히 나타나는 유형으로 허벅지와 엉덩이에도 지방이 두툼하게 쌓이는 경우가 많다.

〉〉 Tips 활동량을 증가시켜 기초 대사량을 늘려야 한다. 짧은 거리라도 걷는 습관은 기초 대사량을 늘리는 좋은 방법이다. 계단 오르내리기, 수영 등이 도움이 된다. 일주일에 4~5일, 하루 30분 정도가 적당하다. 가벼운 스트레칭도 좋고 훌라후프도 혈액순환을 도와주므로 효과가 있다.

옆구리 비집형

바지를 입어도 허릿살이 비어져 나오는 유형으로 아랫배 볼록형처럼 피하지방이 원인이지만 모양이 매우 다르다. 피부가 탄력이 없고 늘어져 있는데 주로 출산 후 여성들에게 많이 나타난다.

〉〉 Tips 지방 섭취를 줄이고 보리밥, 현미밥 등 잡곡밥을 먹는다. 잡곡밥은 식이섬유가 풍부해 변비를 예방하고 쉽게 포만감을 주기 때문이다. 수영이나 에어로빅 같은 유산소 운동이 좋다. 피부에 탄력을 주고 피하지방을 제거하는 복부 운동을 겸하면 금상첨화다.

:: 뱃살이 찌는 이유

여자가 뱃살이 찌는 이유

출산 후 지방이 쌓인다 아랫배에는 원래 체지방이 쉽게 쌓이고 잘 빠지지 않는다. 여성이 출산을 하면 배가 심하게 나오는데 그때 복부에 지방이 쌓이면서 복부 근육이 크게 팽창되고 지방이 늘어지게 된다.

운동 부족 비만의 가장 큰 원인 중 하나다. 복부와 옆구리는 일부러 운동하지 않는 한 움직일 기회가 없다. 특히 여성의 경우 임신과 출산을 겪으면서 운동을 피하는 경향이 있는데 이때 뱃살과 허릿살이 찐다.

남자가 뱃살이 찌는 이유

과로, 스트레스 과도한 업무에 시달리고 여러 가지 스트레스를 받으면 부신 피질 호르몬 분비가 늘어나 복부비만이 생긴다. 그리고 스트레스로 인한 흡연도 콘타솔 호르몬 분비를 자극해 뱃살을 나오게 한다.

알코올과 늦은 저녁 식사 술은 그 자체로 고 칼로리 식품이다. 맵고 짠 음식이 주를 이루는 안주 때문에 칼로리가 더욱 높다. 게다가 안주 일순위인 삼겹살, 돼지갈비 등의 안주까지 곁들인다면 두말할 나위 없이 지방이 쌓여갈 것이다. 즉, 지방과 단백질의 과잉축적으로 복부가 팽창되고 자기 전에 먹은 음식은 에너지로 다 쓰이지 못하기 때문에 지방으로 전환되어 체내에 쌓이게 된다.

〉〉 Tips 어깨와 등을 넓혀라

배가 나온 사람들은 복근 운동만 하면 잘록한 허리가 될 것이라고 단순하게 생각한다. 물론 효과가 전혀 없는 것은 아니지만 기본적인 자신의 체격이 변화하기 이전에는 시각적 차이를 많이 느끼지 못할 것이다. 어깨가 좁으면서 허리가 잘록한 것과 어깨가 넓으면서 허리가 잘록한 것은 매우 다르게 보인다. 뒤에서 볼 때 역삼각형의 넓은 등이 허리를 더욱 날씬하게 보이게 한다.

배가 나온 사람을 위한 프로그램

초보자용

부위	종목	횟수	세트	보기
어깨	덤벨 프레스 Dumbbell Press 래터럴 레이즈 Lateral Raise 비하인드 넥 프레스 Behind Neck Press	8~12	4~5	
등	풀 다운 Pull Down 케이블 로 Cable Row	8~12	4~5	
복부	크런치 Crunch 니 업 Knee Up	10~15	4~5	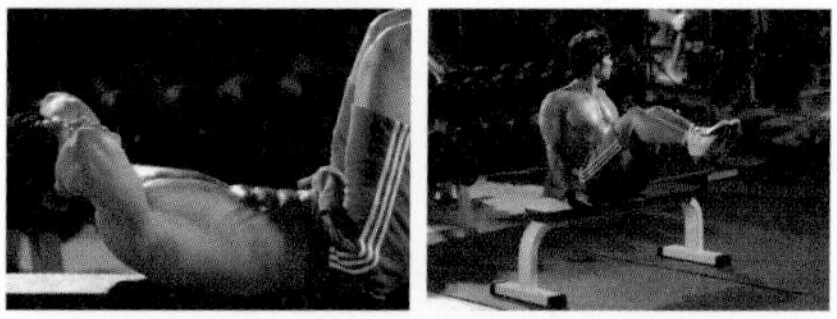
가슴	덤벨 플라이 Dumbbell Fly 펙 덱 플라이 Pec Deck Fly	8~12	3	
다리	레그 프레스 Leg Press 런지 Lunge	8~12	3	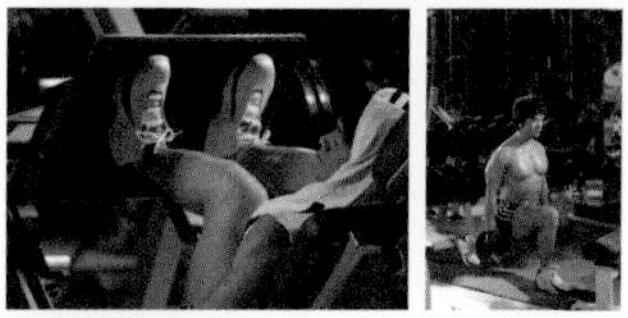
이두	덤벨 컬 Dumbbell Curl	8~12	3	
삼두	풀리 푸시 다운 Pulley Push Down	8~12	3	

세트 사이에 쉬는 시간은 30초가 넘지 않게 하고 일주일에 5일 운동한다.
운동 전후에 반드시 스트레칭을 한다. 유산소 운동은 웨이트 운동 후 저강도로 주 4회 30~40분 정도 한다.

| 코디법 | 상의와 하의의 색상은 다르게 연출한다. 검정이나 짙은 색의 라운드나 V넥 라인의 상의와 흰색이나 아이보리색 하의를 입어 보자. 예쁜 신발로 시선을 아래로 향하게 하는 것도 좋은 방법이다.

Chapter 2

뚱뚱한 내 몸

물만 먹어도 살이 찐다는 말은 오해이다. 물에는 칼로리가 없다. 오히려 다이어트를 할 때 물을 훨씬 더 많이 섭취해야 다이어트에 도움이 된다. 그리고 저녁에 물을 먹으면 얼굴이 붓는 것이 아니라 음식을 짜게 먹거나 수분이 부족해서 붓는 경우가 대부분이다. 이런 사람들은 외형적으로 사과형의 둥근 체형을 가지고 있고 상체보다는 하체가 발달했으며 섭취에너지가 소모에너지보다 커 다른 체형에 비해 쉽게 뚱뚱해진다.

이런 경우 어느 한 부위만 집중적으로 운동할 것이 아니라 전체적인 근력 운동과 유산소 운동, 식이요법을 꾸준히 병행해야 한다.

:: **비만 체형**이 되는 여러 가지 **요인**

운동 부족

운동을 전혀 하지 않고 하루 동안 섭취한 칼로리가 사용한 칼로리보다 많으면 잉여 칼로리가 지방으로 전환되어 살찌게 된다.

잘못된 식습관

아침을 굶고 저녁 식사를 늦게 하는 경우, 스트레스로 인해 폭식하는 경우, 편식하는 경우, 불규칙하게 식사하는 경우.

과식

비만의 가장 큰 원인이다. 섭취 칼로리가 소모 칼로리보다 많아지면 많아질수록 비만이 될 확률이 높다.

유전

부모가 비만이면 자식이 비만이 될 확률도 그만큼 높아진다. 가정에서의 식습관이 미치는 영향도 절대 무시할 수 없다.

생활 습관

한 층 정도의 계단도 엘리베이터를 이용하는 경우, 가까운 은행에 갈 때도 자동차를 타고 가는 경우, 하루 종일 앉아서 일하는 경우.

약물의 부작용

피임약을 장기간 복용하거나 신경 안정제와 검증되지 않은 다이어트 약을 복용하는 경우.

〉〉 Tips 시작은 무산소 운동으로, 마무리는 유산소 운동으로

흔히 다이어트를 할 때 무작정 뛰는 운동만 하는 사람들이 있다. 효과가 없는 것은 아니지만 그리 효율적인 운동법은 아니다.

처음에는 무산소 운동, 즉 웨이트 트레이닝으로 상체와 하체를 균형 있게 운동하고 에너지(탄수화물) 소모를 극대화한다.

그리고 마무리로 유산소 운동(빠르게 걷기, 자전거 타기, 스텝퍼) 등으로 남아 있는 여분의 에너지(체지방)을 분해하는 것이 더욱더 균형 있고 효과적으로 몸을 만들 수 있는 운동법이다.

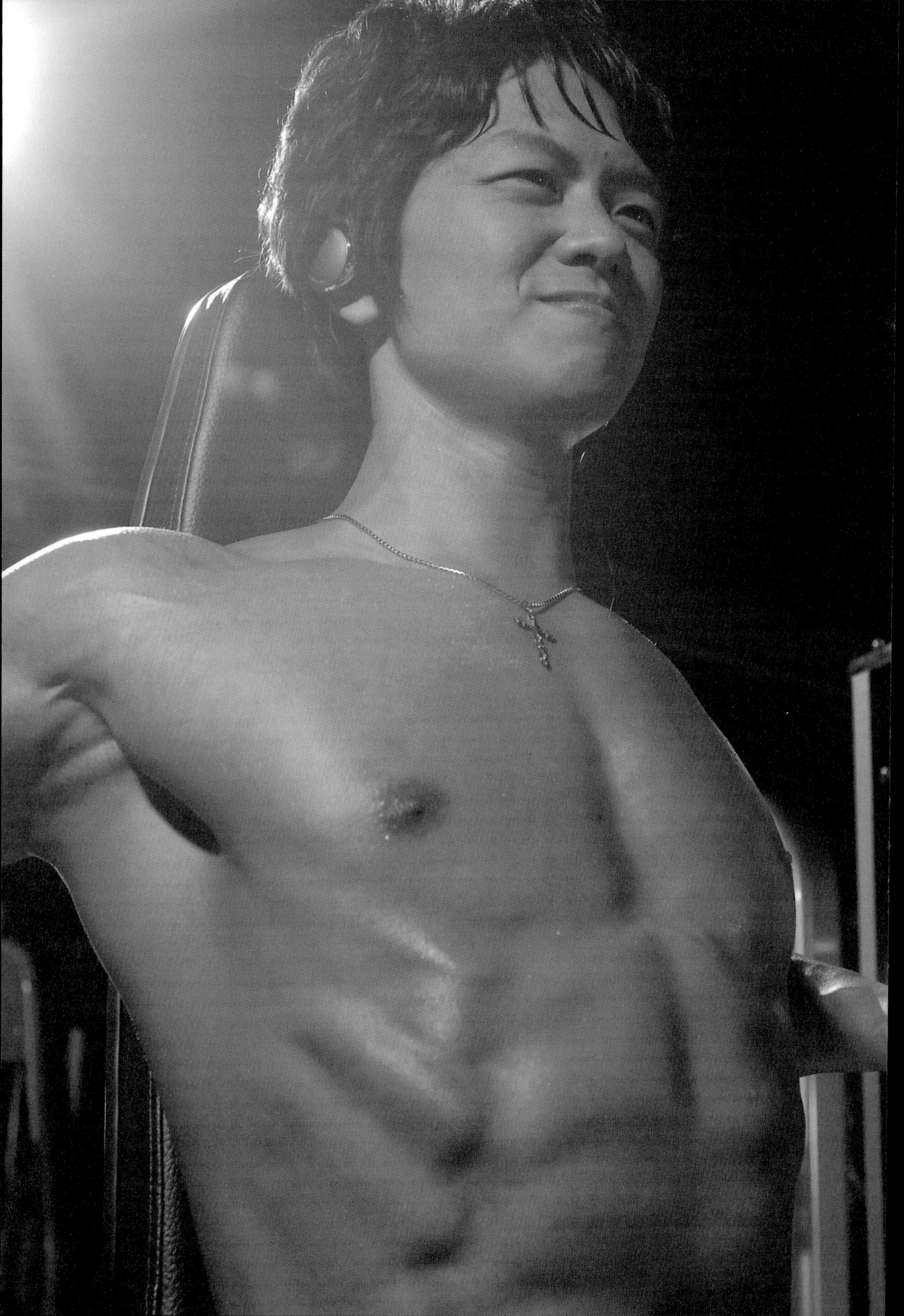

다이어트 운동 프로그램

초보자용

부위	종목	횟수	세트	보기
가슴	벤치 프레스 Bench Press 덤벨 프레스 Dumbbell Press 케이블 크로스 오버 Cable Cross Over	12~15	3	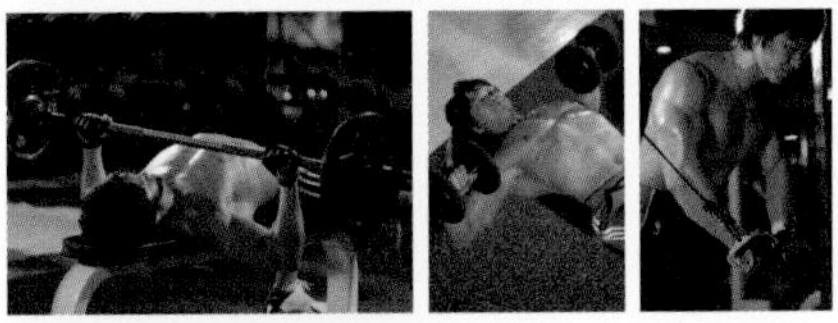
등	풀 다운 Pull Down 벤트 오버 로 Bent Over Row	12~15	4~5	
어깨	비하인드 넥 프레스 Behind Neck Press 래터럴 레이즈 Lateral Raise 덤벨 프레스 Dumbbell Press	12~15	3	
팔	덤벨 컬 Dumbbell Curl 풀리 푸시 다운 Pulley Push Down	12~15	4~5	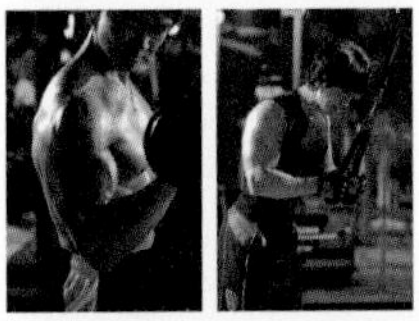
다리	스쿼트 Squat 레그 컬 Leg Curl 레그 익스텐션 Leg Extension	12~15	4~5	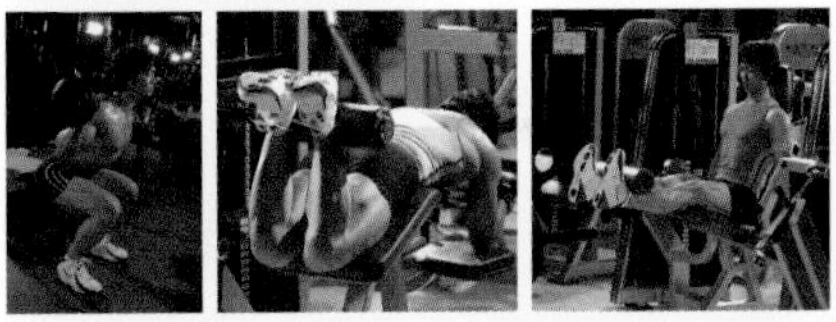
복부	크런치 Crunch 니 업 Knee Up	12~15	4~5	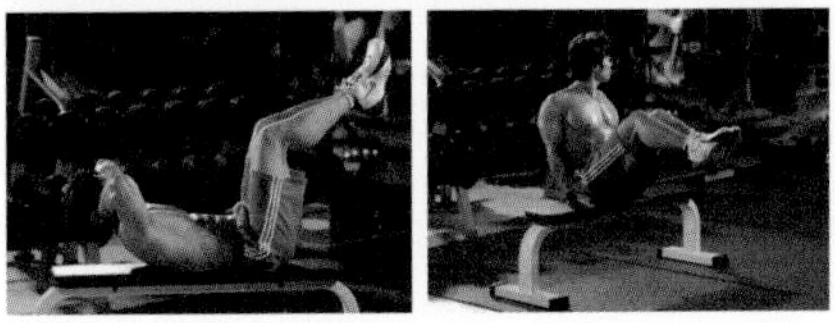

일주일에 5일 운동한다.
운동 전후로 반드시 스트레칭을 한다. 세트 간에 휴식은 1분 이내로 짧게 한다.
유산소 운동은 웨이트 운동 후 저강도로 주 4~5회 최소 30분 이상 한다.

| 코디법 | 자신의 체형을 커버하기 위해 박스 스타일을 많이 입는데 오히려 몸이 더 커 보일 수 있다. 밝은 색의 옷보다는 어두운 색이나 원색 계통의, 노골적으로 몸에 붙지 않는 옷을 입는 것이 좋고 가로로 굵은 줄무늬 옷은 피한다. 옷을 겹쳐 입는 것도 좋은 방법이다.

Chapter 3

얼굴이 커서 슬프나

바로 전 세대만 해도 계란형의 복스러운 얼굴을 가진 사람을 후덕한 미인으로 봤다. 하지만 요즘 시대에는 개성이 더 강조되고 긴 팔과 긴 다리, 그리고 작은 얼굴을 가져야 팔등신의 미남, 미녀 소리를 들을 수 있다.

눈, 코, 입의 모양도 중요하지만 얼굴이 지나치게 크면 남자의 경우 어깨가 좁아 보이고 키도 작아 보이게 하는 착시현상을 일으키기도 한다. 물론 의학의 발달로 턱이나 광대뼈를 깎는 등 어느 정도는 성형이 가능하지만 수술 없이 얼굴 자체를 작게 만들 순 없다. 그렇다고 아직 절망하긴 이르다. 타고난 얼굴은 어쩔 수 없지만 몸매는 노력하면 얼마든지 바꿀 수 있다.

운동을 통해 체지방을 줄이고 허리를 세우고 어깨 라인을 살리자. 자신도 모르게 얼굴의 지방은 줄고 눈, 코, 입의 윤곽이 또렷해질 것이다. 훨씬 작아진 자신의 얼굴에 깜짝 놀라보자.

:: 얼굴을 **작아 보이게 하는 헤어스타일** 연출법

얼굴이 큰 사람들은 헤어스타일에 따라 얼굴이 더 커 보이기도 하고 작아 보이기도 하기 때문에 얼굴이 작게 보이는 가르마, 옆머리, 핀 꽂는 법 등을 제대로 알아두면 도움이 된다.

사각 턱의 큰 얼굴

정 중앙에 가까운 가르마를 타는데 이마를 완전히 내놓지 말고 앞머리를 살짝 내려 옆 가르마를 타고 옆머리는 귀를 덮지 않게 한다. 이마가 연장되는 느낌이 들어서 턱이 덜 드러난다. 이때 가운데에서 멀리 떨어진 가르마는 피해야 한다. 이마와 턱이 돋보여 얼굴이 훨씬 커 보인다.

이마가 넓고 큰 얼굴

중앙에 가깝게 가르마를 타고 절대 앞머리를 뒤로 넘기지 않는다. 앞머리로 살짝 이마를 가리되 너무 많이 내리면 턱이 드러나 얼굴이 커 보일 수 있음에 주의한다.

사과형의 큰 얼굴

얼굴이 둥글고 통통한 경우 세로로 갸름하고 길어 보여야 하기 때문에 가운데에서 먼 가르마는 피하는 것이 좋다. 되도록 중앙에 가깝게 하여 양쪽으로 앞머리를 조금씩 내리면 얼굴도 훨씬 작아 보이고 세로로 길어 보이며 사진도 잘 받는다.

광대뼈가 나온 큰 얼굴

한쪽 눈썹 위에서 옆 가르마를 시작해 머릿결의 층이 전체적으로 연결되어 광대뼈 부분까지 가린다.

볼 살이 많고 큰 얼굴

여자의 경우 절대 이마가 드러날 정도로 핀을 꽂지 마라. 얼굴이 크다고 광고하는 격이 될 수 있다. 가운데에 가까운 옆 가르마를 타고 앞머리가 사선으로 흐르게 하면 볼 살 부분이 가려져 얼굴이 작고 갸름해 보인다.

부위	종목	횟수	세트	보기
어깨	비하인드 넥 프레스 Behind Neck Press 프런트 프레스 Front Press 사이드 래터럴 Side Lateral	10~12	4~5	
가슴	시티드 체스트 벤치 프레스 Seated Chest Bench Press 인클라인 덤벨 프레스 Incline Dumbbell Press	10~12	4	
등	풀 다운 Pull Down 케이블 로 Cable Row 백 익스텐션 Back Extension	10~12	4	
팔	바벨 컬 Barbell Curl 오버헤드 익스텐션 Overhead Extension	10~12	4	
다리	런지 Lunge 레그 컬 Leg Curl 레그 익스텐션 Leg Extension	10~12	4	
복부	크런치 Crunch 니 업 Knee Up	15~20	3~5	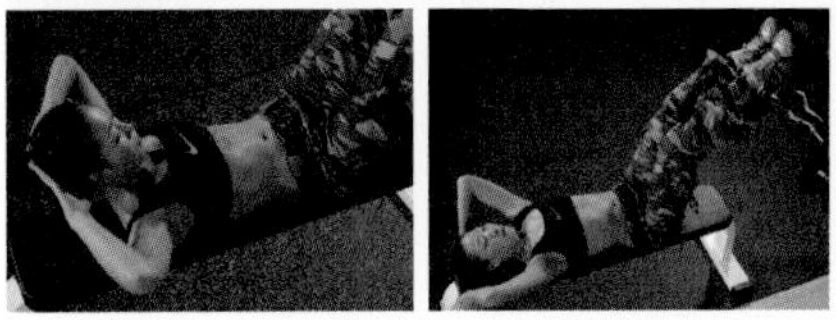

일주일에 5일 운동한다.
운동 전후로 반드시 스트레칭을 한다. 어깨 운동을 중점적으로 한다.
유산소 운동은 웨이트 운동 후 저강도로 주 3~5회 30~40분 정도 한다.

| 코디법 | 헤어스타일과 메이크업에 신경을 쓰자. 너무 화려한 스카프나 안경, 귀걸이는 오히려 역효과를 낼 수 있다. 머리는 너무 풍성하게 하지 말고 단정히 묶거나 무스나 젤로 붙인다.

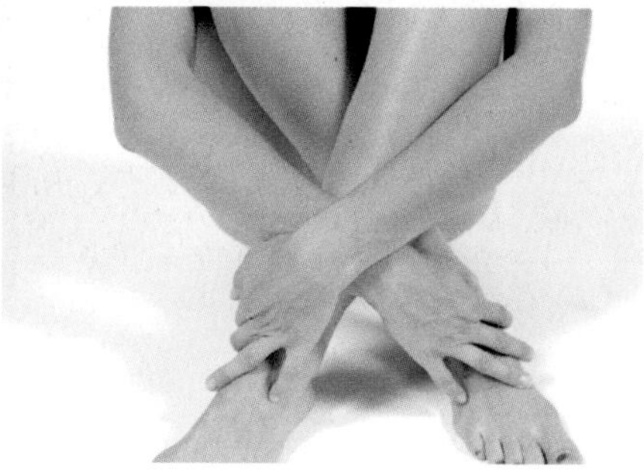

Chapter 4

다리가 짧아서 고민입니다

힙을 올리면 다리가 길어 보인다.

서양인과 동양인은 신체적인 차이가 분명히 있다. 서양인처럼 다리를 길게 늘이는 것은 불가능하다. 하지만 처진 힙을 올려주고 탄력을 주면 뒤에서 볼 때 시각적으로 다리가 길어 보인다.

골반이 삐뚤어져 있으면 다리 바깥쪽 근육이 비어져나와 다리가 휘는 O자형 다리가 되고 허벅지나 종아리가 더 두껍고 짧아 보이는데 이럴 땐 허벅지 안쪽을 운동해 다리가 곧게 뻗어 보이게 만들고 발목은 아킬레스건을 단련해 날씬하게 만들자.

:: 짧은 다리 **유형**과 **해결법**

여성은 여성 호르몬의 왕성한 분비로 인해 하반신, 즉 힙이나 허벅지, 종아리, 심지어는 발목에까지 지방이 붙어 다리를 두껍고 더욱 짧아 보이게 한다. 자신의 신체 특징과 유형을 알고 운동하자.

지방이 많고 짧은 다리

주로 전체 비만의 사람들이 이에 속한다. 그러므로 다리만이 아니라 몸 전체의 체지방을 줄이는 게 급선무다. 열량이 높고 지방이 많은 음식은 피하고 해산물이나 야채 위주의 저칼로리 음식으로 식단을 바꾼다. 근력 운동 이후에 30분 이상의 유산소 운동을 주 4~5회 정도 실시한다.

탄력이 없고 짧은 다리

직업상 많이 앉아 있거나 몸이 잘 붓는 사람들이 주로 해당한다. 음식을 짜게 먹는 사람의 경우 근육이 수분을 끌어안고 있어 물살처럼 탄력이 없고 발목에까지 살이 붙고 무릎 주위에 살집이 많다. 인스턴트식품이나 찌개 국물, 과자처럼 짠 음식을 피하고 자기 전에 목욕과 마사지로 부기를 없애자. 걸을 때 조금 빠르게 걸으며 힙에 힘을 주고 보폭을 넓게 하여 파워 워킹을 하자. 하루에 30분 걷는 것만으로 건강을 챙길 수 있다.

근육질의 짧은 다리

어릴 때 운동으로 발달된 다리가 운동량이 부족해지면 근육과 근육 사이에 지방이 붙어 두꺼워진다. 살이 단단해 손으로 잡기 어렵고 겉보기에 실제 몸무게보다 더 나가 보이는 사람들이 속한다. 근육을 발달시키는 웨이트 트레이닝보다 빠르게 걷기, 자전거 타기, 수영과 같은 유산소 운동을 집중적으로 하고 운동 전후에 충분한 스트레칭과 마사지를 하자.

〉〉 Tips 복부의 라인을 살려라

하체가 짧은데 허리까지 두껍다면 다리는 더욱더 짧아 보이고 몸매는 볼륨이 없어 보인다. 윗몸 일으키기와 다리 들어 올리기로 복근을 단련하고 옆구리의 라인을 살리는 운동을 하면 전체적으로 콜라병 같은 몸매가 만들어져 몸매도 날씬해 보이고 다리도 덜 짧아 보인다. 유산소 운동을 하는 것도 잊지 말자.

:: 다리 운동을 할 때 반드시 알아야 할 것

다리 운동은 다른 상체 부위 운동에 비해서 훨씬 많은 힘이 든다. 다리 근육은 몸 전체의 절반을 차지하는 상당히 큰 근육이어서 칼로리의 소진이 커 금방 지치기 때문이다.

1. 철저히 준비운동을 하자

충분한 준비운동 없이 스쿼트(바벨을 들고 앉았다 일어서는 동작) 같은 운동을 하지 말자. 준비운동이 부족하면 부상의 위험이 크기 때문이다. 땀이 충분히 날 정도로 다리에 집중해 준비운동을 한다. 자전거 타기와 스텝퍼 같은 운동을 20분 정도 하면 좋다.

2. 올바른 자세로 운동하자

자신의 한계를 넘어서 너무 무거운 무게를 억지로 들어 올리려 하지 마라. 부상의 위험도 크고 운동의 효과도 떨어진다. 완벽한 자세로 움직일 수 있는 무게가 적당하다.

3. 균형이 중요하다

상체나 하체 중 어느 한쪽 근육만 발달시키지 말자. 남자들의 경우 우람한 가슴이나 두꺼운 팔뚝에 집착해 하체보다는 상체에 너무 많은 시간을 들여 운동하는 경우가 많은데 여자들이 원하는 섹시한 몸매를 만들려면 상체와 하체를 균형 있게 단련하는 것이 무엇보다 중요하다.

4. 계획적인 운동을 하자

무턱대고 운동을 하다 보면 운동 기간도 길어지고 성취감도 적어진다. 오늘 해야 할 운동을 미리 계획하고 프로그램에 맞춰 운동해보자. 힘든 하체 운동을 끝마치고 나면 그만큼 성취감도 커져서 하체 운동하는 날이 훨씬 성공적인 날처럼 느껴질 것이다.

긴 다리 만들기 프로그램

초보자용

부위	종목	횟수	세트	보기
다리	런지 Lunge 레그 컬 Leg Curl 레그 익스텐션 Leg Extension 데드리프트 Deadlift	10~12	4~5	
복부	크런치 Crunch 사이드 벤드 Side Bend 니 업 Knee Up	15~20	3~4	
가슴	시티드 체스트 벤치 프레스 Seated Chest Bench Press 덤벨 플라이 Dumbbell Fly	10~12	3~4	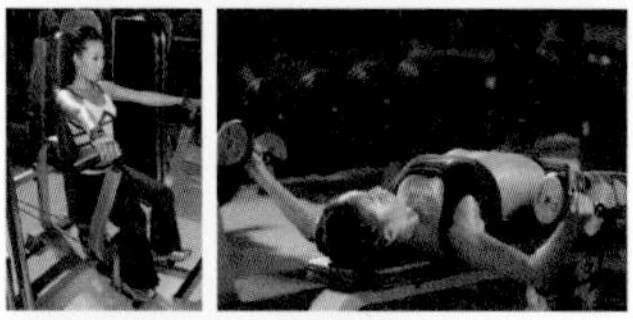
어깨	덤벨 프레스 Dumbbell Press 래터럴 레이즈 Lateral Raise	10~12	3~4	
등	풀 다운 Pull Down 원 암 덤벨 로 One-Arm Dumbbell Row	10~12	3~4	
팔	덤벨 컬 Dumbbell Curl 풀리 푸시 다운 Pully Push Down	10~12	3~4	

일주일에 5일 운동한다.
운동 전후에 반드시 스트레칭을 한다.
유산소 운동은 웨이트 운동 후 저강도로 주 3~4회 30~40분 정도 한다.

| 코디법 | 골반 바지는 피하는 것이 좋고 상의를 내려 입거나 힙을 덮을 수 있는 재킷을 걸치는 것이 좋다. 너무 짧거나 몸에 꽉 끼는 치마는 짧은 다리에 더 시선이 가게 하므로 피한다.

말라서 고민입니다

Chapter 5

시각적으로 **마르고 왜소해 보이는 몸매.** 이런 체형은 신진대사가 상당히 활발하므로 쉽게 비만 체형이 되지는 않지만, 마찬가지로 **근육량을 늘리기도 어렵다.**

우선 하체와 힙, 등 같은 **큰 근육 위주의 운동**을 하고 반드시 **충분한 열량**이 들어 있는 **식사**를 병행해야 원하는 몸매를 만들 수 있다.

:: 체형별 **대처법**과 **식이요법**

심하게 말랐다고 해도 그 체형의 결점을 정확히 숙지하고 대처한다면 충분히 보완할 수 있다. 다음에 소개하는 체형의 유형과 식품별 영양가를 익혀 체형의 결점을 보완하자.

어깨가 좁고 팔다리가 긴 체형

전형적 외배엽 체형의 특징이며 상체와 하체가 마르고 신진대사가 빨라 아무리 먹어도 체중이 잘 늘지 않고 체내의 지방량과 근육량이 적다.

이런 체형의 소유자는 유산소 운동보다는 강한 강도의 웨이트 트레이닝으로, 반복과 횟수 위주의 운동보다는 중량 위주의 트레이닝으로 서서히 무게를 늘려 근육량을 늘려야 한다. 자칫 단기간에 체중을 늘리려고 하면 체지방만 늘 수 있으므로 여유를 갖고 꾸준히 운동해야 한다.

가슴, 등, 하체 운동을 먼저

우리 신체에는 무수히 많은 근육이 있다. 수많은 근육 중 큰 근육부터 작은 근육 순으로 운동하면 훨씬 빨리 체중을 늘릴 수 있다.

근육의 크기가 작은 어깨와 팔만 열심히 운동한다면 몇 개월이 지나도 체중의 변화가 별로 없을 것이다. 하지만 가슴, 등, 하체와 같은 큰 근육을 집중적으로 운동하면 엄청난 체중의 변화를 보게 될 것이다.

어려운 동작의 운동보다는 동작이 간단한 단순 기구(덤벨, 바벨) 운동에 충실하면서 충분한 무게를 이용한 운동을 병행하는 것이 도움이 된다.

충분한 영양 섭취는 필수

아무리 열심히 운동해도 충분한 영양 섭취가 이뤄지지 않았다면 근육의 성장과 체중의 증가는 절대 일어나지 않는다. 운동만큼 중요한 것이 영양 섭취다. 특히 마른 체형의 사람들은 신체 특성상 신진대사율이 높아 에너지 소모가 많기 때문에 고칼로리, 고탄수화물 위주의 식사를 해야 하며 보디빌더들이 먹는 단백질 파우더를 먹는 것도 도움이 된다.

하루 2,500kcal를 섭취하는 성인 남성의 경우 1,000~1,500kcal를 더 섭취해야 하고, 단백질은 체중 1kg당 3~4g 정도를 섭취하는 것이 좋다.

식품별 영양가 분석

음식을 먹을 때 칼로리에 대해 조금만 더 관심을 기울이고, 탄수화물과 지방보다는 단백질을 섭취하도록 노력하자. 하나를 먹더라도 제대로 알고 먹자. (탄수화물 5 : 단백질 3 : 지방 2 정도의 비율로 섭취한다)

식품명(100g)	열량(kcal)	단백질(g)	지방(g)	탄수화물(g)
우유	59	2.9	3.2	4.5
치즈	357	21.8	27.8	2.8
닭고기 가슴살	165	31.0	3.6	0
돼지갈비	357	23.4	3.6	0
소갈비	238	24.0	14.0	0
삶은 계란	151	12.5	10.7	0.9
밥(현미)	368	7.2	2.5	76.8
밥(보리)	341	10.2	2.0	72.2
밥(백미)	363	8.7	1.2	74.7
국수	369	11.7	0.5	74.3
딸기	27	0.9	0.2	4.3
바나나	82	1.2	0.2	20.9
수박	19	0.4	0.1	4.7
자장면	463	9.6	20.0	60.8
송이버섯	37	2.0	0.3	6.7
해삼	25	3.7	0.4	1.3
대합	70	10.5	1.0	4.0
석굴	97	10.0	3.6	5.1
참치 샐러드	185	16.0	9.3	8.9
갈치	149	18.5	7.5	0.1
고등어	183	20.0	10.4	0.0
땅콩	545	23.4	45.5	18.1
순두부	42	3.2	2.5	1.2
찐 감자	84	1.9	0.2	18.6
메밀냉면	350	11.1	1.6	73.3
꿀	294	0.2	0.0	79.7

체중 증가 프로그램

초보자용

부위	종목	횟수	세트	보기
가슴	벤치 프레스 Bench Press 덤벨 플라이 Dumbbell Fly 딥 Dip	8~10	3	  
등	풀 다운 Pull Down 벤트 오버 로 Bent Over Row 케이블 로 Cable Row	8~10	3	  
다리	스쿼트 Squat 레그 컬 Leg Curl 레그 익스텐션 Leg Extension	8~10	3	  
어깨	덤벨 프레스 Dumbbell Press 업라이트 로 Up-right Row	8~10	3	 
팔	덤벨 컬 Dumbbell Curl 오버 헤드 트라이셉 익스텐션 Over Head Triceps Extension	8~10	3	 
복부	크런치 Crunch 니 업 Knee Up	15~20	3~4	 

일주일에 5일 운동한다.
운동 전후로 반드시 스트레칭을 한다. 약간 무거운 중량으로 운동하고 세트 간 휴식은 충분히 길게 갖는다.
유산소 운동은 웨이트 운동 후 저강도로 주 3회 30분 정도 한다.

| 코디법 | 컬러로 승부하자. 어두운 색상의 옷은 피하고 몸에 붙는 니트 소재보다는 와이셔츠나 약간 두꺼운 소재의 옷을 선택한다. 어깨 선이 있는 옷이나 화려한 재킷을 입는 것도 좋다. 약간 큰 사이즈의 가방이나 소품을 활용하자.

Part 4

Body Building

몸 만들기 I

여자가 원하는 남자 몸 만들기

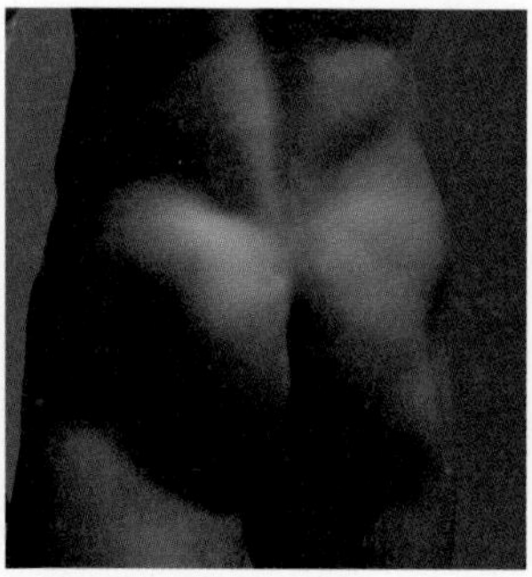
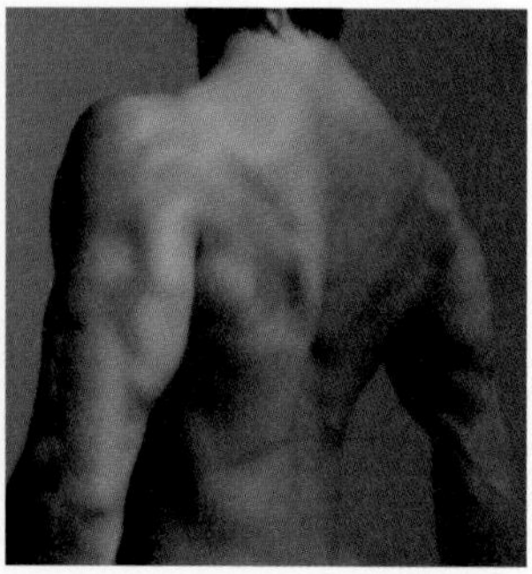

Chapter 1

섹시한 힙/다리 만들기

하체는 신체의 절반에 해당할 정도의 큰 부위를 차지하는 근육 군으로 가장 큰 힘을 낼 수 있다.

허벅지 앞부분의 주요 근육은 다리를 펴는 역할을 하는 대퇴사두근(4개의 근육으로 구성)으로 이뤄졌다.

그리고 신체의 가장 큰 근육 군인 둔근과 힙관절 근처의 근육들을 모두 포함하며 힙과 무릎을 모두 움직이는 다중관절운동은 이 근육을 단련하기 위한 최고의 선택이다.

또한 다리를 구부리는 역할을 하는 허벅지의 뒷부분인 슬와근은 대퇴사두근과 대칭이 되는 근육이고, 다리의 가동 범위를 넓게 해준다. 슬와근을 훈련하는 좋은 운동으로는 데드리프트 등이 있다.

초보자들은 항상 가볍고 천천히 동작을 시작해야 한다.

부상의 위험을 줄이면서 근력과 지구력을 서서히 늘려나가는 것이 중요하기 때문이다. 운동을 하면서 자신이 더 강해졌다는 생각이 들면 조금씩 무게를 늘리고 횟수는 줄여본다.

: : 다리 근육

허벅지Thighs, 허벅지 뒤 -슬와근Hamstrings, 엉덩이 -둔근Glutes

다리의 주요 큰 근육은 허벅지 앞쪽의 대퇴사두근과 허벅지 뒷부분의 대퇴이두근으로 서로 대칭을 이룬다.

그리고 엉덩이 쪽의 여러 가지 근육을 포함해 신체의 근육 중에서 가장 큰 근육 군에 속한다. 엉덩이와 무릎 관절을 이용해 운동하는 다중 관절 운동을 하면 큰 효과를 볼 수 있다.

엉덩이 –둔근 Glutes

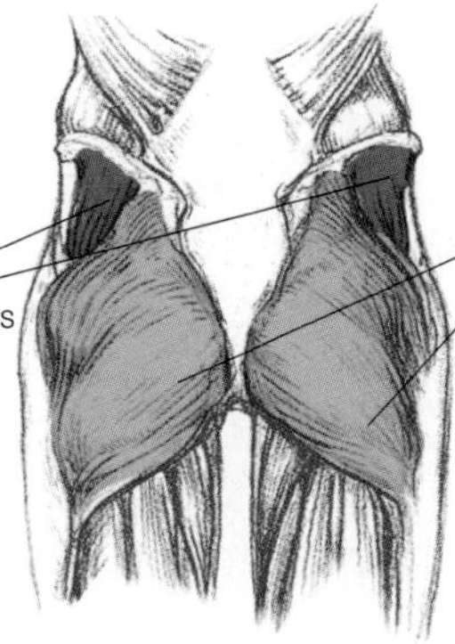

EXERCISE
런지 Lunge
스티프 레그 데드리프트
Stiff Leg Deadlift

허벅지 Thighs, 허벅지뒤 –슬와근 Hamstrings

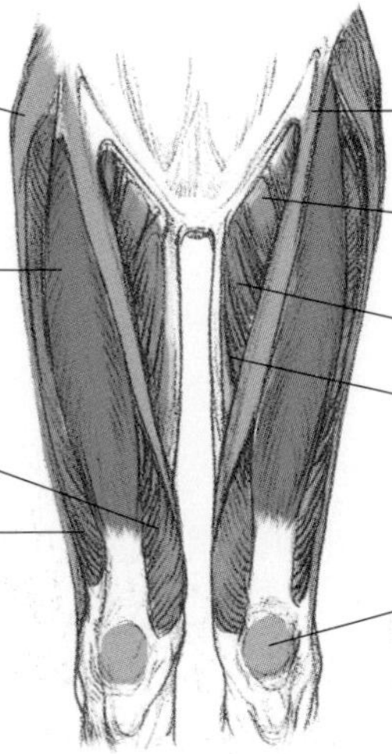

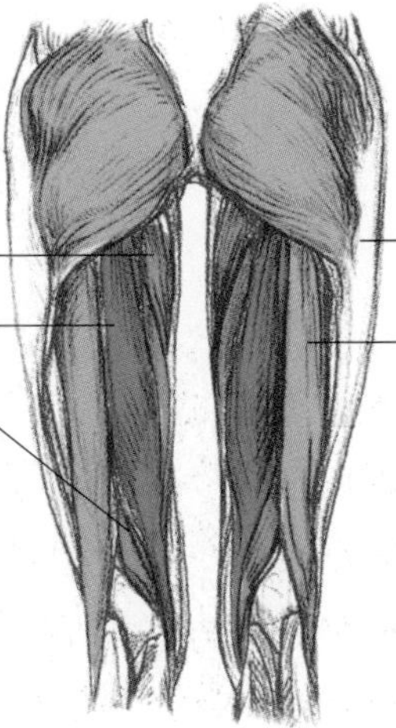

EXERCISE
스쿼트 Squat
레그 컬 Leg Curl
레그 익스텐션 Leg Extension
레그 프레스 Leg Press

:: 섹시한 **하체 만들기**

여자들이 가장 섹시하게 보는 남자 신체 부위는?

남자들은 여자들이 우람한 가슴이나 굵은 팔뚝에 열광하는 것으로 착각한다. 하지만 요즘 여자들은 힙이 예쁜 남자를 좋아한다. 외국에서는 남자의 힙이 섹스 심벌로 인식된 지 오래이며, 이제 우리나라 여자들도 예쁜 힙을 가진 남자를 선호한다는 사실을 부인할 수 없게 되었다. 우리나라 여성들이 가장 섹시하다고 느끼는 남성상에 탄력 있고 예쁜 힙을 가진 남자가 포함되었다는 것은 이제 남녀를 불문하고 힙이 아름다움과 섹시함의 기준으로 자리 잡았음을 보여준다.

섹스의 모든 힘은 하체에서 나온다

무릎에서 허리까지의 근육, 특히 힙 주위의 근육 부위를 '파워 존'이라고 한다. 사람의 모든 파워가 여기서 나온다고 해도 과언이 아니다. 투수는 하체로 공을 던진다는 말이 있다. 일반 상식으로는 어깨나 팔 힘이 좋아야 한다고 알고 있지만 박찬호나 김병현 같은 메이저리거를 보면 어깨와 팔 근육도 물론 좋지만 또한 얼마나 굵고 탄탄한 하체를 가졌는가? 하물며 남녀의 사랑과 섹스에는 얼마나 중요하겠는가? 파워 존을 단련해라.

탄력 있고 굵은 하체를 만들자

탄탄한 하체는 파워와 유연성의 원천이다. 힙만 따로 분리해서 발달시키고 허벅지 앞과 뒤는 그대로 유지한다는 것은 어렵다. 대퇴이두근(허벅지 뒤)이 힙 근육과 이어져 있기 때문이다. 당연히 힙 근육과 허벅지 뒷근육을 같이 운동해야 하고 대퇴사두근(허벅지 앞)과 종아리도 마찬가지이다. 멋진 하체를 만들자. 모든 힘의 원천이자 몸의 절반에 해당하는 하체의 중요성을 잊지 말자.

:: 체형별 **다리 운동**

다리의 길이가 길고 두께가 얇다

가벼운 운동으로 워밍업을 실시하고 고중량 · 저반복으로 다리의 사이즈를 키운다.

처음부터 너무 많은 종류의 운동을 하려고 하지 말고 단순한 동작을 반복하는 머신이나 바벨 위주의 운동을 실시한다.

스쿼트와 같이 허벅지 앞과 뒤 그리고 힙까지 한꺼번에 운동할 수 있는 기본적인 운동을 중심으로 전체적인 힙과 다리의 파워와 볼륨감을 키우는 것이 좋다. 특히 다리가 마른 체형일 경우 힙이 빈약한 경우가 많은데 스쿼트 같은 운동을 할 때 힙 근육이 최대한 수축과 이완을 할 수 있도록 힙을 뒤로 빼면서 깊숙이 앉는 운동을 한다.

이때 욕심을 부려 너무 오랜 시간 운동하지 않도록 주의한다.

다리의 길이가 짧고 두껍다

미관상 다리의 길이가 짧은데 두껍기까지 하면 다리의 길이가 더욱더 짧아 보인다.

특히 힙이 처지거나 허벅지 앞쪽의 근육이 발달하고 무릎 옆의 근육이 발달하게 되면 그런 현상이 더 심해지는데 이럴 때는 힙을 올려주는 운동을 집중적으로 실시하고 허벅지의 군살을 줄여나가는 운동을 해야 한다.

고중량 · 저반복 운동으로는 원하는 다리를 만들기 어렵다.

오히려 사이즈가 더 두꺼워지기 쉬우므로 15~20회 정도 할 수 있는 적당한 무게로 최대한 올바른 자세를 갖춰 운동을 실시하는 것이 좋다.

힙을 탄력 있게 만드는 런지 같은 운동을 집중적으로 실시해보자.

이런 체형의 몸매는 대부분 비만일 확률이 높

기 때문에 유산소 운동의 시간을 주 4회 최소 30분 이상 실시하고 운동의 중량보다는 세트와 반복을 늘린다.

근육질 다리

운동선수처럼 근육량이 많고 특히 힙이 봉긋하게 솟은 경우 신체의 균형을 잡아준다.

레그 컬과 레그 익스텐션 같은 가벼운 운동으로 다리의 앞뒤 근육을 충분히 워밍업 하고 스쿼트나 레그 프레스처럼 하체를 전체적으로 자극할 수 있는 운동으로 중량을 서서히 올린다.

이런 체형의 다리는 근육이 쉽게 발달하기 때문에 다리의 균형을 맞춰 어느 한 부분이 지나치게 발달하지 않게 한다.

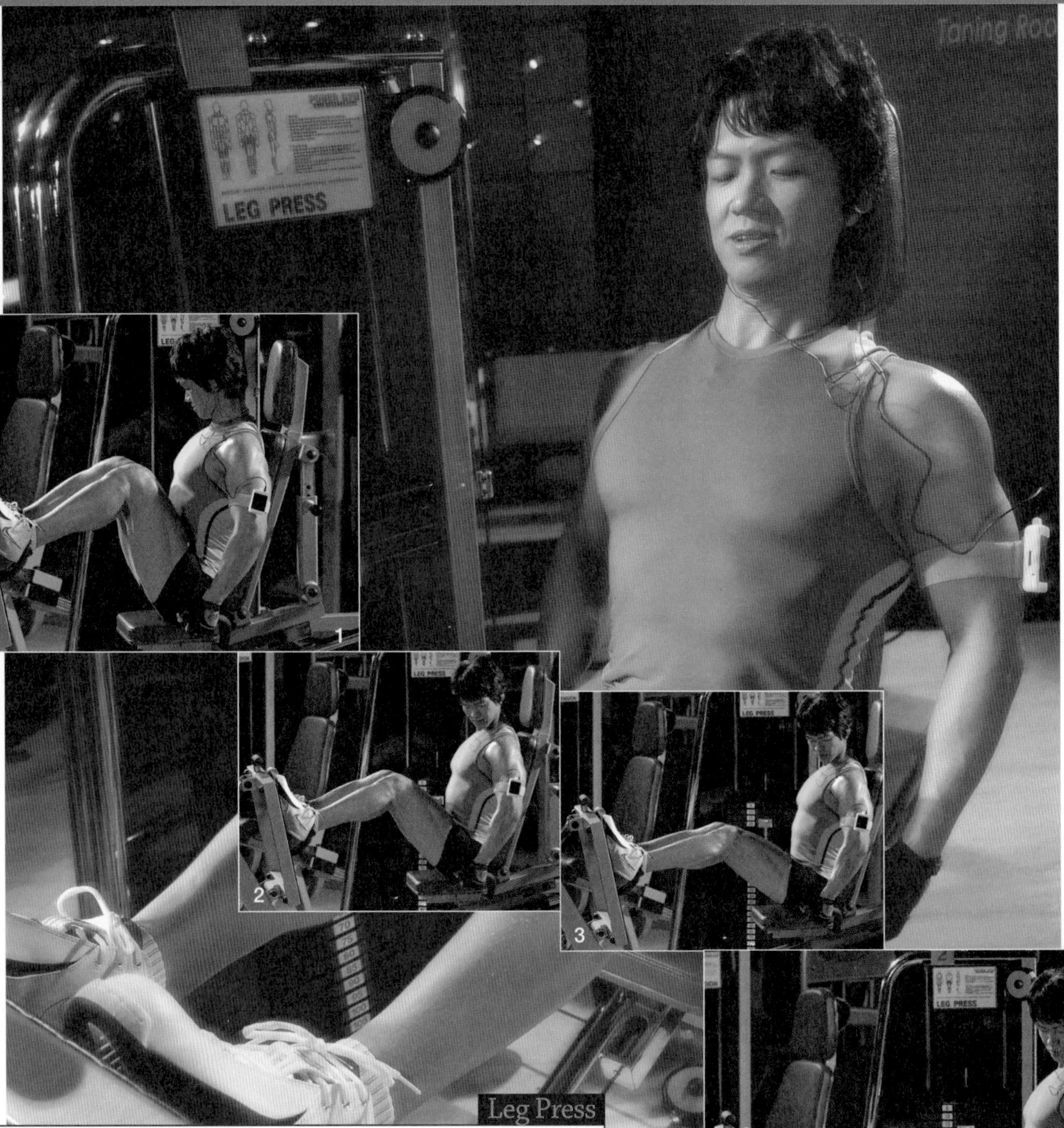

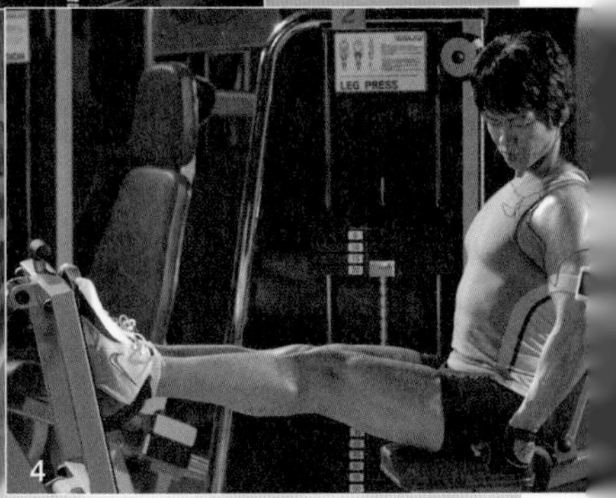

Leg Press

레그 프레스

발은 어깨보다 약간 넓게 벌린 자세에서 부드럽게 민다.
다리를 구부릴 때 무릎의 위치가 발끝보다 위로 올라가지 않도록 실시한다. 힙, 즉 둔근의 발달에도 도움이 되려면 발의 위치를 위로 올리고 깊이 앉는 자세를 취한다.
숨은 다리를 펼 때 내쉬고 구부리면서 들이쉰다.

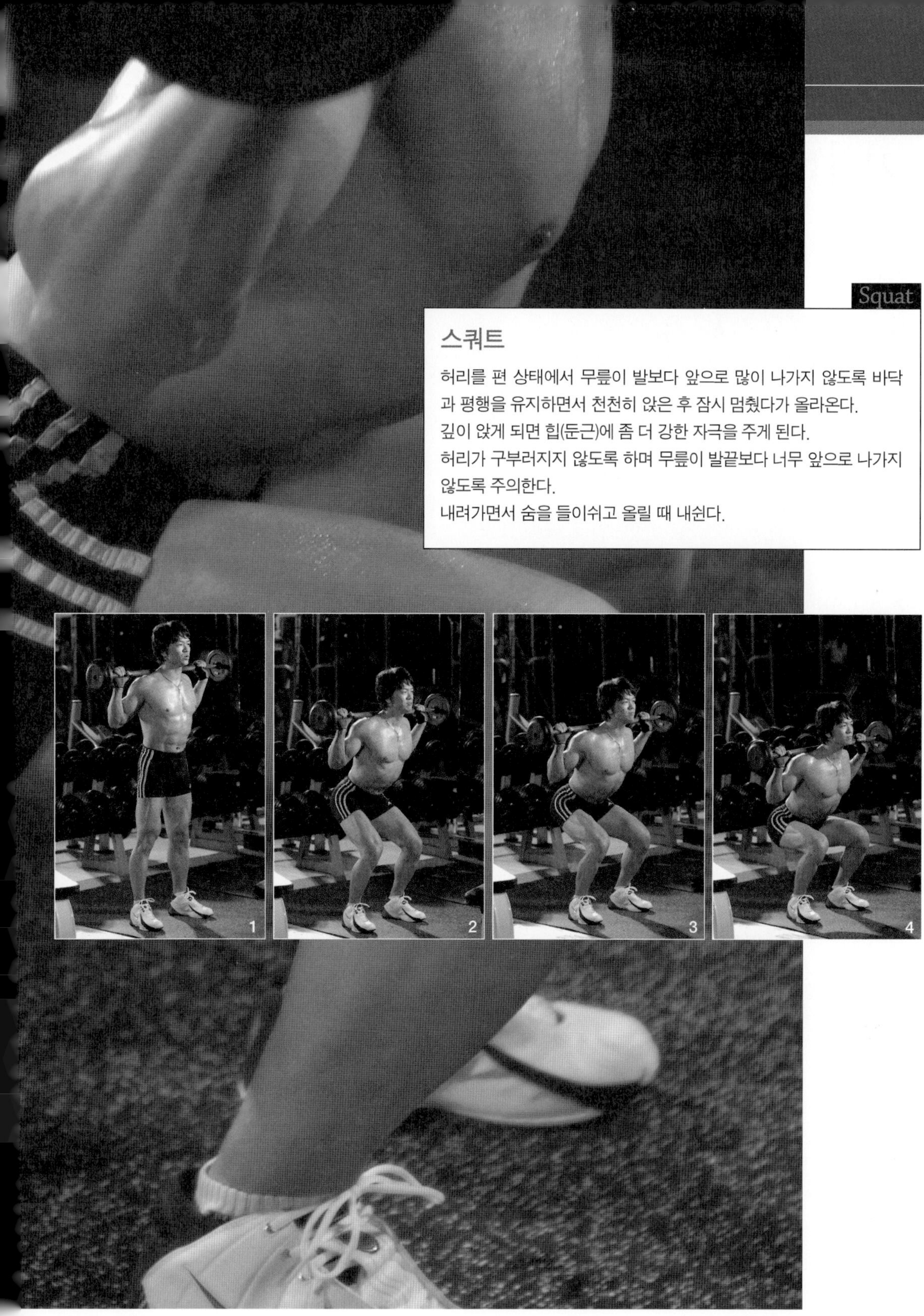

Squat

스쿼트

허리를 편 상태에서 무릎이 발보다 앞으로 많이 나가지 않도록 바닥과 평행을 유지하면서 천천히 앉은 후 잠시 멈췄다가 올라온다.
깊이 앉게 되면 힙(둔근)에 좀 더 강한 자극을 주게 된다.
허리가 구부러지지 않도록 하며 무릎이 발끝보다 너무 앞으로 나가지 않도록 주의한다.
내려가면서 숨을 들이쉬고 올릴 때 내쉰다.

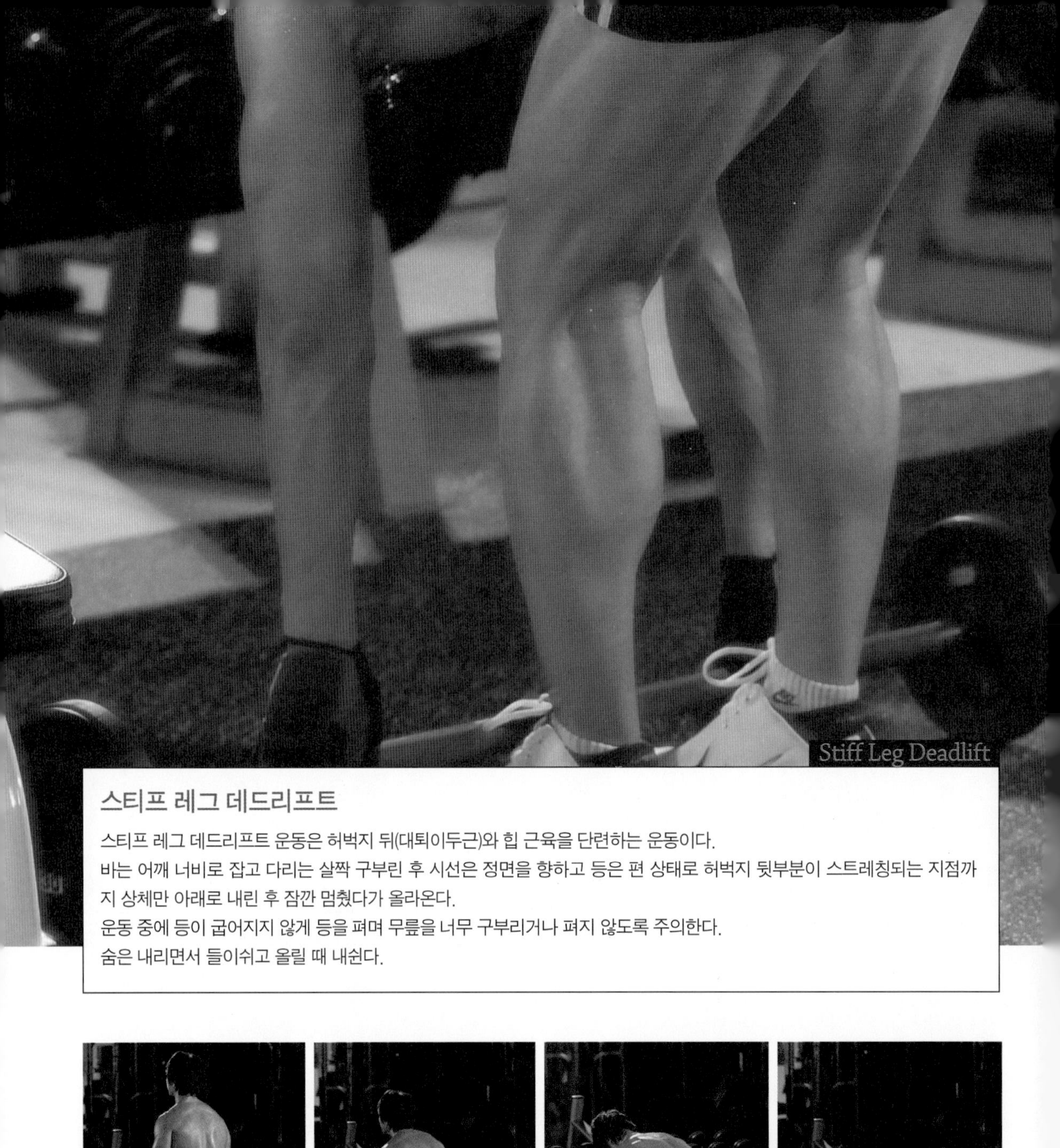

스티프 레그 데드리프트

스티프 레그 데드리프트 운동은 허벅지 뒤(대퇴이두근)와 힙 근육을 단련하는 운동이다.
바는 어깨 너비로 잡고 다리는 살짝 구부린 후 시선은 정면을 향하고 등은 편 상태로 허벅지 뒷부분이 스트레칭되는 지점까지 상체만 아래로 내린 후 잠깐 멈췄다가 올라온다.
운동 중에 등이 굽어지지 않게 등을 펴며 무릎을 너무 구부리거나 펴지 않도록 주의한다.
숨은 내리면서 들이쉬고 올릴 때 내쉰다.

Dumbbell Lunge

덤벨 런지

덤벨 런지 운동은 대퇴사두근을 단련하는 운동이다.
양손에 덤벨을 들고 시선은 정면을 향한다.
한쪽 발을 앞으로 내밀고 허리는 편 상태에서 무릎이 90도가 되도록 천천히 앉는다.
너무 보폭을 크게 하거나 작게 하면 무릎에 부담이 가 부상당할 위험이 있다.
무릎의 각도는 90도 정도로 유지하면서 무릎이 발끝보다 앞으로 나가지 않는 범위까지를 보폭으로 하고 운동을 실시한다.
숨은 앉을 때 들이쉬고 올릴 때 내쉰다.

섹시한 힙/다리 만들기 프로그램

초급자용

부위	종목	횟수	세트	보기
어깨	숄더 프레스 머신 Shoulder Press Machine	8~12	4~5	
등	풀 다운 Pull Down	8~12	4~5	
복부	크런치 Crunch 니 업 Knee Up	10~15	4~5	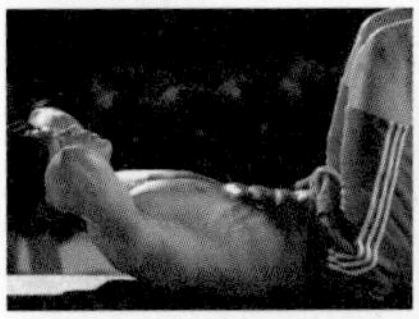 
가슴	벤치 프레스 Bench Press	8~12	3	
다리	스쿼트 Squat 레그 컬 Leg Curl 레그 익스텐션 Leg Extension 레그 프레스 Leg Press	8~12	3	   
힙	런지 Lunge 스티프 레그 데드리프트 Stiff Leg Deadlift	8~12	3	 
삼두 이두	풀리 푸시 다운 Pulley Push Down 덤벨 컬 Dumbbell Curl	8~12	3	 

운동 전후에 반드시 스트레칭을 한다.
유산소 운동은 웨이트 운동 후 저강도로 주 3회 30~40분 정도 한다.

| 코디법 | 짙은 톤 색상의 밑이 좁은 바지보다는 일자로 여유 있게 떨어지는 바지가 좋다. 청바지를 입을 경우 허벅지가 굵어 자신의 허리 사이즈에 맞추는 한 마음에 드는 스타일을 입을 수 없는 체형은 통이 넓은 힙합스타일을 선택한다. 특히 일자 청바지 중 밝은 톤으로 워싱 처리된 옷은 다리를 훨씬 날씬하고 길어 보이게 한다.

Chapter 2

역삼각형 등/어깨 만들기

등 근육은 상체 근육 가운데 가장 큰 근육 중 하나이며 사람의 몸에서 대표적인 당기는 근육이다.

어깨의 근육은 세 개의 근육으로 이뤄져 있어 삼각근이라고도 불리는데 한쪽만 발달시켜선 완벽한 어깨를 만들 수 없다. 앞면, 옆면, 뒷면 모두 골고루 운동시켜야만 봉긋한 어깨를 만들 수 있다.

등은 척추 보호뿐 아니라 많은 운동에서 중심 지지대 역할을 하기 때문에 매우 중요하다. 또 등은 다양한 근육들로 이뤄져 있어 자칫 무리한 중량과 잘못된 자세로 허리에 부담을 가중시켜 부상당할 수도 있기 때문에 주의해야 한다.

강인한 등 운동으로 등 중앙을 두껍고 넓게 만들 수 있고, 다양한 로 동작과 풀 다운/업 동작을 함께하면 더욱 효과적으로 멋진 근육을 만들 수 있다.

등과 어깨는 다양한 각도와 그립의 변화를 줌으로써 자극을 더욱 크게 줄 수도 있다. 시각적으로 복부와 허리가 날씬하면 어깨는 넓고 등은 역삼각형으로 보일 수 있으므로, 등 운동 후에 크런치 같은 복부 운동을 실시하면 더욱 효과적이다.

::등/어깨 근육

등 Backs

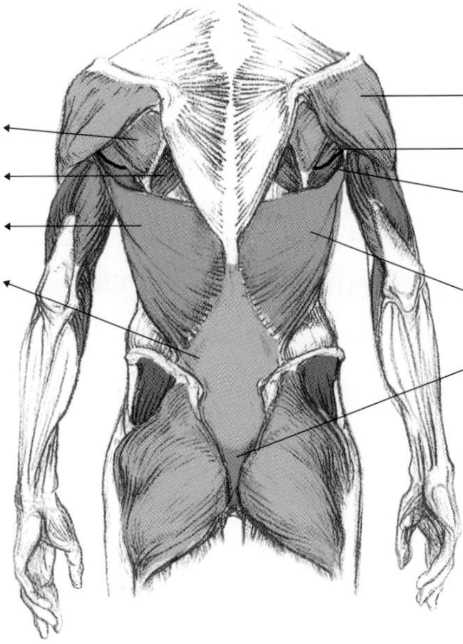

EXERCISE
풀 다운 Pull Down
T바 로 T-Bar Row
원 암 덤벨 로
One Arm Dumbbell Row

어깨 Shoulder

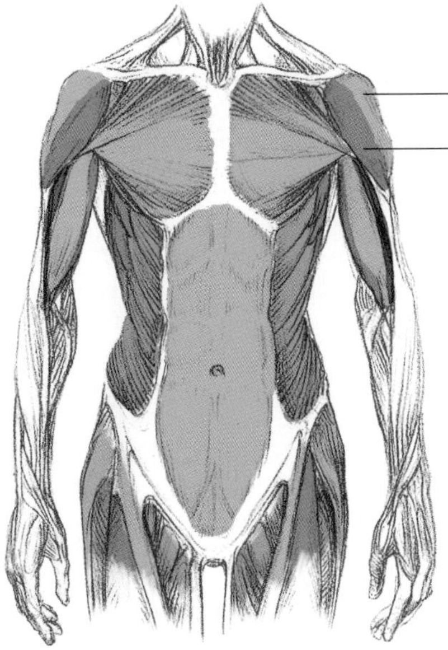

EXERCISE
덤벨 프레스 Dumbbell Press
사이드 래터럴 레이즈
Side Lateral Raise

:: 역삼각형 **등/어깨** 만들기

날씬한 허리는 어깨와 등을 더욱 넓어 보이게 한다

밋밋하고 거의 일자에 가까웠던 어깨와 등도 운동을 하다 보면 지방은 점점 줄어들고 마치 등에 날개가 자라난 것처럼 역삼각형의 모양을 갖추게 된다. 하지만 어느 한계에 도달하면 근육이 거의 발달하지 않고 등에 살만 붙는 것 같은 느낌이 드는데, 이때 등을 더욱더 넓고 멋지게 조각하고 싶다면 복부와 허리를 날씬하게 만들어라.

특히 어깨를 단련하고 옆구리의 지방을 제거해나간다면 등을 더 넓히지 않아도 허리가 잘록해져 상대적으로 등이 넓고 깊이 있게 보일 것이다. 그리고 등 운동 같이 몸 밖으로 밀어내는 운동이 아니라 몸 안쪽으로 끌어당기는 운동을 하다 보면 자연스럽게 복부의 근육이 자극을 받기 때문에, 등 운동을 하는 날 복부 운동도 집중적으로 하면 좋은 효과를 볼 수 있다.

여자는 가슴이 큰 남자보다 섹시한 등을 가진 남자를 더 좋아한다

샤워를 한 후에 거울 앞에 서면 가슴이나 어깨, 팔 그리고 하체의 근육은 쉽게 볼 수 있지만 등이나 힙처럼 몸 뒤에 있는 근육은 거울의 각도를 조절하지 않는 한 직접 볼 수 없다. 그렇기 때문에 자신의 눈에 보이는 가슴과 같은 근육은 열심히 운동하는 반면에 등과 같이 보이지 않는 부위는 소홀하기 쉽다.

우람한 가슴과 팔을 가졌지만 등에 근육이 하나도 없는 남자를 떠올려보라. 몸의 균형과 비례가 맞지 않아 보기에 부담스러울 것이다. 게다가 대부분의 여자들은 가슴만 우람한 남자보다는 넓은 역삼각형의 따뜻한 느낌의 등을 가진 매끈한 몸매의 남자에게 더 섹시함을 느낀다.

상대적으로 가슴 근육보다 등 근육이 훨씬 크다. 가슴 운동에 투자하는 시간보다 등 운동에 더 많은 시간과 비중을 둬야 균형 잡힌 상체를 만들 수 있다.

등 근육의 성장 속도는 가슴 근육을 우람하게 만드는 것보다는 오래 걸리겠지만 역삼각형의 등을 만들고 나면 허리는 더욱더 날씬하고 잘록해 보일 것이다.

: : 다양한 **체형별 운동법**

좁은 어깨에 허리가 길고 등의 두께가 얇다

전반적으로 마른 체형의 소유자이다. 주로 체중 증가에 운동의 중심을 두고 횟수보다는 약간 무거운 중량 위주의 운동을 실시하고 단순 기구 운동이나 바벨 운동으로 근육의 크기와 양을 늘리자. 어깨는 주로 바벨을 이용한 프레스 운동으로 크기를 키우고 허리가 긴 단점을 보완하려면 등의 윗부분을 집중적으로 운동한다.

〉〉 추천 운동: 등_ 랫 풀 다운, 풀 업, 벤트 오버 로 | 어깨_ 바벨 프레스

넓은 어깨에 허리가 짧고 등의 두께가 두껍다

이런 체형의 경우 대부분 옆구리와 허리 쪽에 피하지방이 많이 쌓여 있다. 어깨와 등의 윤곽을 선명하게 하는 데 운동의 중점을 두고 무게 위주의 운동보다는 많은 횟수의 반복 운동에 중점을 두자. 근력 운동 후 유산소 운동도 주 4~5회 최소 30분 이상 반드시 병행한다.

〉〉 추천 운동: 등_ 덤벨 로, 랫 풀 다운, 백 익스텐션, 바 트위스트 | 어깨_ 사이드 래터럴 레이즈

표준 체형에 등의 두께가 적당하다

전체적인 등의 형태를 넓히는 운동을 하고 등의 아래쪽 운동을 통해 허리 주위의 근육을 단련하자. 어깨는 어느 한쪽 부위에만 치우치지 말고 다양한 운동을 체계적으로 실시하자.

〉〉 추천 운동: 등_ 랫 풀 다운, 원 암 덤벨 로, 백 익스텐션, 롱 풀 | 어깨_ 덤벨 프레스

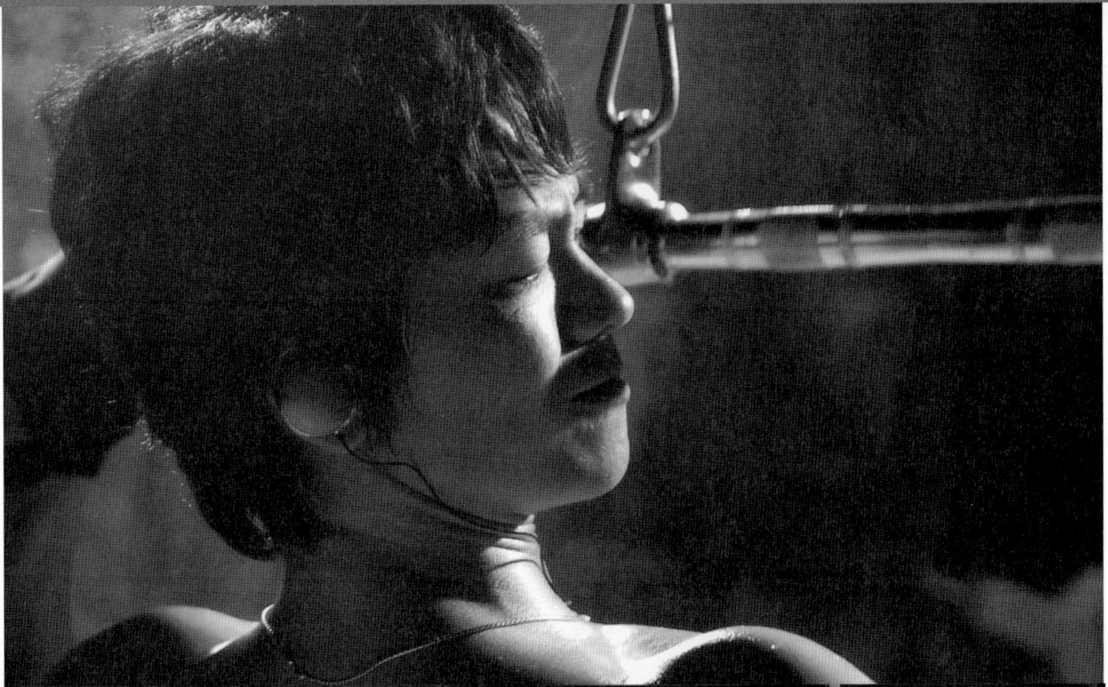

Pull Down

풀 다운

풀 다운 운동은 V자 모양의 넓은 등을 만드는 운동이다.
바의 너비는 허리에서 어깨로 이어지는 연장선으로 잡는다. 일반적으로 어깨 너비보다 조금 넓게 잡으면 된다.
바는 가슴 윗부분까지 내린 상태에서 잠시 멈췄다가 천천히 놓는다.
이때 팔의 힘으로 당기기보다는 등 근육의 움직임을 느끼면서 실시한다.
당길 때 반동을 이용하거나 팔꿈치가 앞으로 빠지지 않게 하고 바를 놓을 때도 팔꿈치를 완전히 펴지 않아야 한다.
숨은 바를 당길 때 내쉬고 놓으면서 들이쉰다.

One Arm Dumbbell Row

원 암 덤벨 로

원 암 덤벨 로 운동은 덤벨을 이용해 등 근육을 단련하는 운동이다.
한쪽 다리와 팔을 벤치에 올리고 허리는 곧게 편 상태에서 실시한다.
덤벨을 잡고 팔꿈치는 몸통 쪽으로 향하도록 덤벨을 올린 후 잠시 멈췄다가 천천히 내린다.
운동 중에 허리가 구부러지지 않도록 자세를 유지해야 하며 팔꿈치가 몸에서 많이 떨어지지 않아야 한다.
당길 때 단순히 팔로 당긴다는 느낌보다는 등을 접는다는 느낌으로 실시한다.
숨은 당길 때 내쉬고 내리면서 들이쉰다.

Barbell Row

바벨 로

바벨 로 운동은 등 근육을 크고 두껍게 만드는 데 효과적인 운동이다.
양손으로 바벨을 잡고 허리나 등이 굽어지지 않도록 반드시 편 상태에서 실시한다.
팔꿈치는 몸 쪽으로 최대한 붙여서 당긴 후 잠시 멈췄다가 천천히 내린다.
숨은 당길 때 내쉬고 놓으면서 들이쉰다.

1

2

3

4

Dumbbell Press

덤벨 프레스

덤벨 프레스 운동은 덤벨을 이용해 크고 우람한 어깨를 만드는 운동이다. 다리는 어깨 너비만큼 벌리고 시선은 전방을 향한 후 허리를 편 상태의 자세를 취한다.

덤벨은 귀 높이 지점에서 시작해 머리 위로 올린 후 잠시 멈췄다가 천천히 귀 높이까지 내린다.

반동을 이용하거나 몸이 흔들리지 않아야 하며 덤벨을 지나치게 많이 내리지 않도록 한다. 또한 팔꿈치가 몸 뒤로 빠지지 않아야 한다.

숨은 올릴 때 내쉬고 내리면서 들이쉰다.

래터럴 레이즈

래터럴 레이즈 운동은 덤벨을 이용해 측면삼각근을 단련하는 운동이다.
다리는 어깨 너비로 벌린 후 시선은 전방을 향한 후 허리를 편 상태에서 운동을 실시한다.
팔꿈치는 아주 살짝 구부리고 양손의 덤벨은 어깨보다 약간 위쪽까지 올린다.
이 지점에서 잠시 멈췄다가 천천히 내린다.
몸의 반동을 지나치게 이용해 운동하면 안 된다. 팔꿈치보다 덤벨이 높게 올라가지 않도록 주의한다.
숨은 덤벨을 올릴 때 내쉬고 내리면서 들이쉰다.

역삼각형 등/어깨 만들기 프로그램

초급자용

부위	종목	횟수	세트	보기
등	풀 다운 Pull Down 바벨 로 Barbell Row 원 암 덤벨 로 One Arm Dumbbell Row	10~12	4~5	
가슴	벤치 프레스 Bench Press 인클라인 덤벨 프레스 Incline Dumbbell Press	10~12	3~4	
어깨	덤벨 프레스 Dumbbell Press 래터럴 레이즈 Lateral Raise	10~12	4	
팔	바벨 컬 Barbell Curl 라잉 프렌치 프레스 Lying French Press	10~12	4	
다리	스쿼트 Squat 레그 컬 Leg Curl 레그 익스텐션 Leg Extension	10~12	3~4	
복부	크런치 Crunch 싯 업 Sit Up 니 업 Knee Up	15~20	3~4	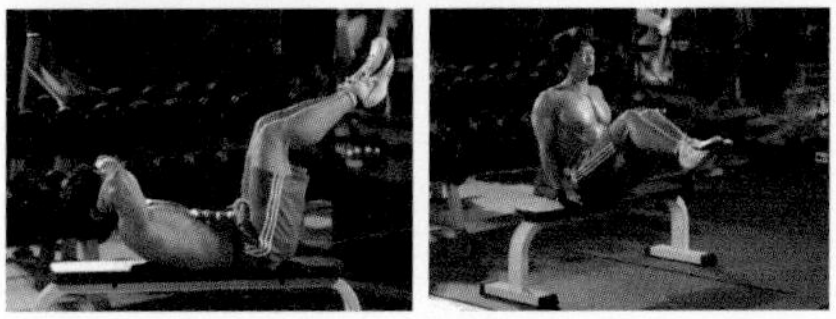

운동 전후에 반드시 스트레칭을 한다.
유산소 운동은 웨이트 운동 후 주 3~4회 30분 정도 실시한다.

| 코디법 | 등이 빈약한 경우 밝은 톤의 굵은 가로 줄무늬의 옷을 입으면 등이 훨씬 넓어 보인다.

Chapter 3

조각 같은 가슴 만들기

가슴은 크게 대흉근과 소흉근으로 나뉜다.

대흉근은 일반적으로 가슴 앞부분에 보이는 전체를 말하며 소흉근은 대흉근의 바로 안쪽에 위치한 근육이다.

대흉근을 자극하면 바로 밑에 붙어 있는 소흉근도 같이 자극할 수 있다.

이 크고 강인한 근육은 잘 발달된 상체의 기본이며 사실 어떤 운동을 하든 상관이 없다.

가슴 운동은 크게 프레스와 플라이로 나뉘는데 중요한 것은 가슴 상부 · 중부 · 하부를 전체적으로 고르게 발달시켜야 한다는 것이다.

전체적인 가슴 사이즈와 볼륨감을 높이기 위해서는 벤치 프레스 운동을 기본으로 하고, 특히 가슴 상부가 빈약할 때는 인클라인 동작을 많이 해야 한다. 가슴 하부가 빈약할 때는 디클라인에서 운동을 하는 것이 효과적이다.

즉, 완전하고 튼튼하게 운동하려면 밀어내는 동작의 프레스와 가슴 근육을 모아주고 짜주는 플라이 동작, 그리고 각도를 달리하는 다양한 운동이 중요하다.

가슴 운동을 할 때는 큰 근육 군을 중심으로 무거운 무게를 다룰 수 있는 프레스 운동을 먼저 시작하고, 주로 덤벨을 이용해 관절을 많이 움직이고 근육을 고립시키는 플라이 운동을 나중에 실시하는 것이 효과적이다.

또 비교적 무거운 중량을 다루는 벤치 프레스 같은 운동을 할 때는 세트 사이에 휴식 시간을 충분히 갖는다.

::가슴 근육

가슴 Chest

가슴의 보이는 부분과 안쪽의 보이지 않는 근육까지를 통틀어 일컫는다. 가슴 근육은 잘 발달된 상체의 기본이다. 가슴을 완전히 운동시키려면 프레스 운동과 플라이 동작을 병행하고, 벤치의 각도를 다양하게 해서 윗부분부터 아랫부분까지 고르게 발달시켜야 한다.

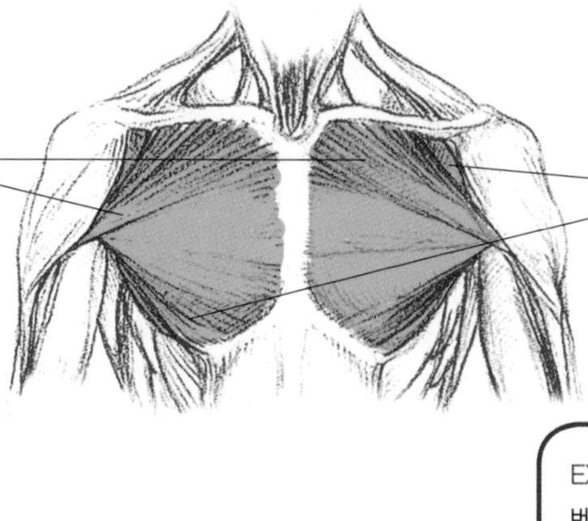

EXERCISE

벤치 프레스 Bench Press

케이블 크로스 Cable Cross

인클라인 덤벨 프레스 Incline Dumbbell Press

:: 다양한 **체형**의 **가슴** 모양

마르고 납작한 가슴

전체적으로 마르고 신진대사가 활발해 단기간 내에 큰 근육의 양을 키우기는 어렵다. 하지만 체지방이 적고 쉽게 살이 찌지도 않기 때문에 운동을 지속적으로 하면 이소룡처럼 군살 없는 조각 같은 몸매를 만들 수 있다. 가벼운 덤벨과 푸시 업만으로는 원하는 만큼의 근육량을 얻기 힘들다.

반복과 횟수 위주의 운동보다는 벤치 프레스 같은 단순 기구를 통해 중량 위주의 운동을 집중적으로 해야 좀 더 빨리 원하는 몸매를 만들 수 있다.

좌우 모양이 다른 가슴

손과 발, 얼굴의 모양 등이 완벽하게 좌우대칭을 이루는 사람은 없다. 단지 겉보기에 차이가 크지 않아서 그다지 신경 쓰이지 않을 뿐이다.

거울 앞에 서서 가슴의 모양을 비교했을 때 어느 정도는 차이가 나더라도 이는 지극히 정상적인 현상이다. 오른손잡이인지 왼손잡이인지에 따라 힘과 근육 사용빈도가 달라지는 것처럼, 가슴의 모양과 크기도 마찬가지이기 때문이다. 하지만 차이가 너무 심하다고 생각되면 덤벨이나 케이블로 가슴 운동을 할 때 마지막 반복을 한 뒤에 발달이 덜 된 가슴 쪽만 3~5회 정도 더 실시한다.

여자 가슴처럼 처진 가슴

가슴 쪽에 체지방이 많거나 몸 전체적으로 비만이어서 남자인데도 여자처럼 가슴이 처져 보일 때가 있다. 이런 경우 가슴 운동도 중요하지만 몸 전체의 체지방을 줄이는 유산소 운동을 병행하며 식이요법도 함께 하는 것이 좋다.

무거운 중량을 이용한 운동보다는 푸시 업이나 가벼운 중량의 기구 운동으로 쉬는 시간은 짧게 하고 반복과 횟수 위주의 운동을 꾸준히 실시한다.

우람한 가슴

지나치게 가슴 운동에 집중해 다른 신체 부위가 빈약해 보이는 경우이다. 특히 가슴만 비대하게 발달한 경우 팔이 짧아 보이고 상체에 비해 하체가 빈약해 보인다.

가슴 운동의 비중을 줄이고 어깨와 팔, 하체의 운동 시간을 늘려보자. 명심하라. 여자들의 시선을 머물게 하는 것은 거대한 가슴이 아니라 균형과 조화를 이룬 남자의 몸매다.

셔츠의 단추를 하나 더 풀어라

셔츠의 단추를 풀어헤쳤을 때 가슴에 살짝 골이 팬 섹시한 남자는 여자의 관심과 눈길을 한 몸에 받을 만큼 충분히 매력적이다.

남자라면 누구나 영화 〈터미네이터〉의 아널드 슈워제네거처럼 우람한 가슴을 갖고 싶을 것이다. 단단한 골격을 탄력 있게 감싸 안은 가슴은 남자의 자신감과 힘을 상징하기 때문이다.

하지만 여자가 무조건 가슴이 큰 남자를 좋아한다고 착각하지 말자. 가슴이 크다는 것만으로 여자의 마음을 사로잡거나 섹스어필할 수 있는 것은 아니다. 여자들은 대체로 적당한 사이즈의 탄탄한 가슴을 좋아한다. 그러므로 가슴에만 집착할 것이 아니라 상체와 하체를 고루 단련해 균형 잡힌 몸을 만들어야 여자들이 원하는 섹시한 몸매를 가질 수 있다.

특히 뚱뚱한 체격은 아닌데 배만 나온 경우 복부 운동에 집중하지 말고 가슴을 넓히는 운동을 하면 배가 들어가 보여서 한층 멋진 몸매로 바뀔 수 있다. 또한 덩치가 커서 몸무게가 많이 나가는 경우, 유산소 운동으로 살만 빼면 상체가 더욱 빈약해 보일 수 있으니 주의한다.

그동안 가슴 노출에 대한 사회적인 이슈는 여자들의 이야기였지만 이젠 아니다.

연예인만 봐도 평상시 꾸준히 운동해 근사한 몸매를 지닌 남성들은 가슴라인이 상당히 예쁘게 잘 형성되었음을 알 수 있다.

오늘도 또 가슴 운동인가? 지나치게 큰 가슴에 절대 집착하지 마라.

여자들은 비대한 가슴에 열광하지 않는다. 다부지고 탄력 있는 가슴을 만들어 당당히 뽐낼 수 있는 '계곡 패션'을 연출해보자.

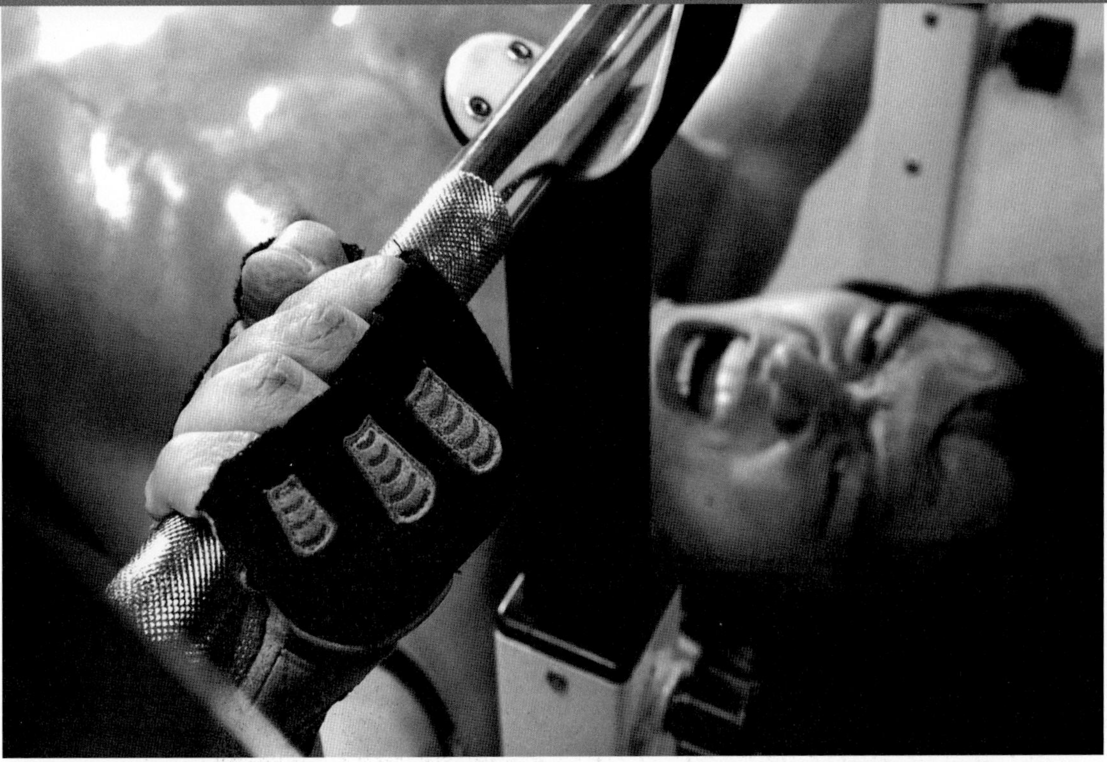

Bench Press

벤치 프레스

벤치 프레스 운동은 넓고 우람한 대흉근(가슴 근육)을 발달시키는 데 가장 기본이 되는 운동이다.
힙과 어깨가 떨어지지 않도록 벤치에 누운 상태에서 바는 어깨 너비보다 조금 넓게 잡는다.
바를 내릴 때는 천천히 무게를 느끼면서 팔의 각도를 90도 정도로 유지하며 가슴 근육이 스트레칭되는 지점까지 내린다.
다시 들어 올릴 때는 허리를 너무 많이 들거나 바가 가슴에 완전히 닿아 튕기면서 밀지 않도록 주의한다.
숨은 내릴 때 들이쉬고 올리면서 내쉰다.

1

2

3

인클라인 덤벨 프레스

인클라인 덤벨 프레스 운동은 인클라인 바벨 벤치 프레스의 대체 운동이며 윗가슴 근육을 선명하고 탄탄하게 단련하는 운동이다.

덤벨을 잡고 힙과 어깨가 떨어지지 않도록 벤치에 누운 상태에서 실시한다.

덤벨을 내릴 때는 바닥과 수직이 되도록 무게를 느끼면서 천천히 내리고 팔의 각도를 90도 정도로 유지하며 가슴 근육이 스트레칭되는 지점까지 내린 후 올린다.

숨은 내릴 때 들이쉬고 올리면서 내쉰다.

Cable Cross Over

케이블 크로스 오버

케이블 크로스 오버 운동은 가슴 근육을 선명하게 만드는 운동이다.
어깨 너비로 다리를 벌리고 팔꿈치를 약간 구부린 상태에서 가슴 앞 중앙 부분으로 케이블을 당긴 후 잠시 멈췄다가 서서히 원 위치로 돌아간다.
운동 중에 상체가 흔들리지 않도록 잘 고정하고 어깨에 무리가 갈 정도로 과도하고 큰 동작은 하지 않는다.
숨은 케이블을 당길 때 내쉬고 놓으면서 들이쉰다.

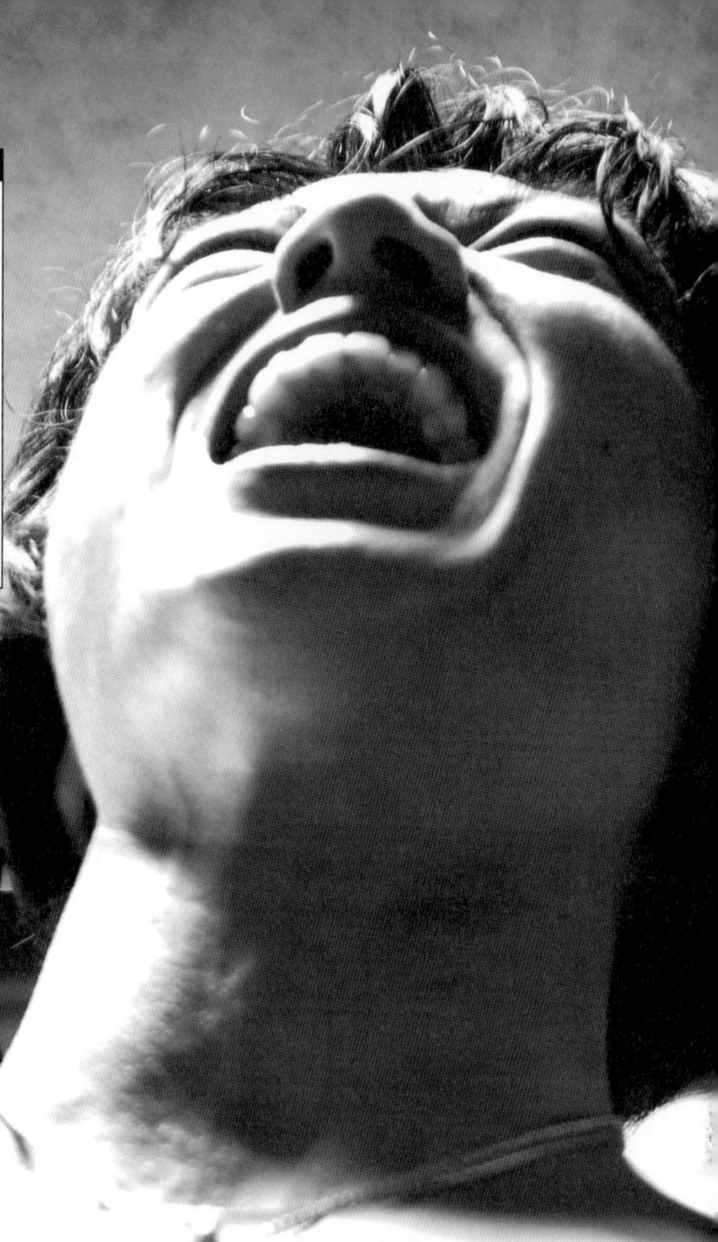

조각 같은 가슴 만들기 프로그램

초급자용

부위	종목	횟수	세트	보기
가슴	벤치 프레스 Bench Press 케이블 크로스 오버 Cable Cross Over 인클라인 덤벨 프레스 Incline Dumbbell Press	10~12	4~5	  
어깨	비하인드 넥 프레스 Behind Neck Press 래터럴 레이즈 Lateral Raise	10~12	3~4	 
등	풀 다운 Pull Down 케이블 로 Cable Row	10~12	3~4	 
팔	머신 바벨 컬 Machine Barbell Curl 라잉 프렌치 프레스 Lying French Press	10~12	3~4	 
다리	스쿼트 Squat 레그 컬 Leg Curl 레그 익스텐션 Leg Extension	10~12	3~4	  
복부	크런치 Crunch 니 업 Knee Up	15~20	3~4	 

운동 전후에 반드시 스트레칭을 한다.
유산소 운동은 웨이트 운동 후 주 3~4회 30분 정도 실시한다.

| 코디법 | 가슴이 빈약한 경우 몸에 꽉 끼는 티셔츠는 피하고 밝고 화려하며 넉넉한 사이즈의 와이셔츠를 입는다. 반면에 가슴 근육이 발달한 경우에는 라운드 티셔츠보다는 브이넥 티셔츠가 훨씬 잘 어울린다. 와이셔츠의 단추는 2~3개 정도를 풀어 섹시한 가슴의 라인을 뽐내보자.

Chapter 4

빨래판 같은 복부 만들기

복직근은 상체를 지탱하며 구부리고 펴는 동작을 수행하는 근육이다. 신체 한가운데에 위치하기 때문에 시선이 많이 가는 곳이다. 앞에서 볼 때 상체의 절반을 차지하는 부위이기도 하다.

위아래로 걸쳐 있는 복직근을 강조하려면 상복부 · 하복부 운동을 함께해야 한다.

또 아름답고 균형 잡힌 복근을 만들기 위해선 옆구리의 외복사근 훈련도 병행해야 하는데 복근을 좌우로 돌리며 비트는 동작을 취하면 효과가 좋다.

복부 근육이 약해지거나 복부 비만일 경우 각종 성인병의 원인이 되기도 하고 허리 근육도 약해져 통증을 유발할 수 있다.

복부는 단순히 미적인 추구를 넘어 건강을 위해서도 반드시 운동이 필요한 부위이다.

그리고 복근을 열심히 운동하고도 몸 속의 체지방을 제거하지 못한다면 절대 자신의 배에서 '王'자를 볼 수 없을 것이다.

지속적인 식이요법을 실시하고, 근육 운동 후 반드시 저강도 유산소 운동을 최소 30분 이상 실시하자. 단, 너무 지나친 유산소 운동은 오히려 근육의 손실을 가져오므로 주의하자.

:: 복부 근육

복부 Abdominalst

복근은 크게 상복부, 하복부, 외복사근으로 나눌 수 있다. 상체 근육에서도 한가운데에 자리 잡고 있기 때문에 가장 강렬한 인상을 줄 수 있다.

옆구리를 비트는 동작을 통해 더욱 완성된 형태의 복근을 만들 수 있다.

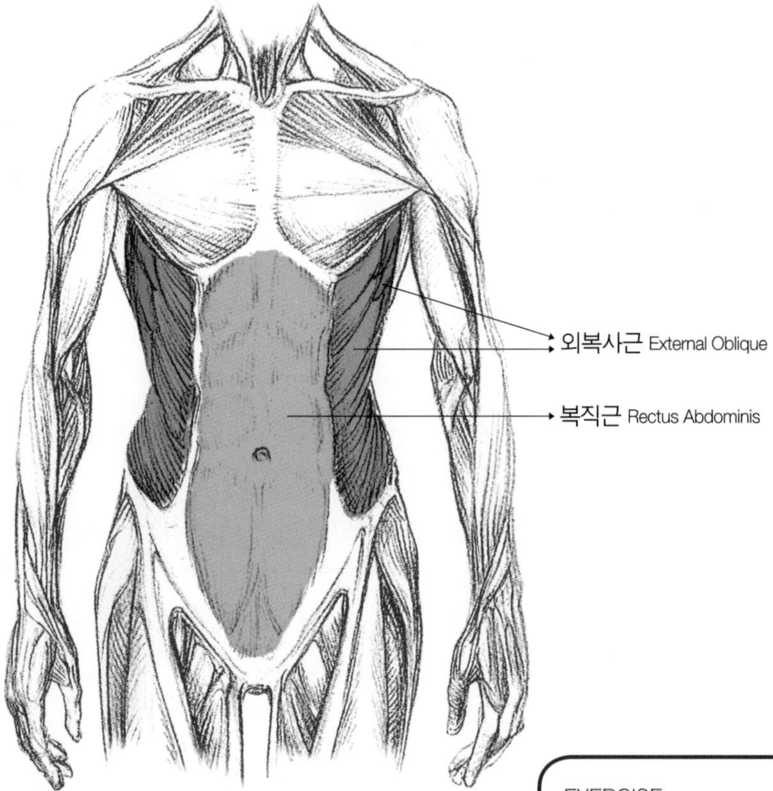

EXERCISE
싯 업 Sit Up : 상복부
니 업 Knee Up : 하복부
사이드 벤드 Side Bend : 외복사근
크런치 Crunch : 상복부

:: 다양한 체형의 **복부 근육**

마른 체형

운동을 하지 않아도 선천적으로 체지방의 양이 적기 때문에 복근이 비교적 선명하게 드러난다. 하지만 갈비뼈가 드러나는 등 대체로 빈약한 느낌을 주므로 섹시하거나 근육질로 보이지는 않는다. 복근 운동도 중요하지만 가슴이나 어깨 운동 등으로 볼륨을 주고 힙과 허벅지를 단련해서 전체적으로 굴곡 있는 체형으로 만들어보자.

비만 체형

뚱뚱한 남자는 몸 전체에 체지방이 너무 많기 때문에 복근 운동을 아무리 열심히 해도 단련된 복근을 쉽게 볼 수 없다. 반드시 주 4~5회 정도로 하루 최소 30분 이상의 유산소 운동을 복근 운동과 병행해야만 복근 위의 쓸데없는 체지방을 걷어내고 매력적이며 탄탄한 복근을 만들 수 있다.

균형 잡힌 올바른 식생활도 절대 잊지 말자.

근육질 체형

원하는 몸매를 가장 쉽게 만들 수 있는 체형이다. 복부의 여러 부위를 단련하는 다양한 운동을 해야 더욱더 예쁜 모양을 만들 수 있다. 한 가지의 복근 운동만 고집하지 말자. 상복부, 하복부, 옆구리의 외복사근 등까지 골고루 운동하자.

:: 남자들의 최대 고민, **복부 비만**

복부 비만은 여자보다 남자들이 훨씬 심각하다. 비만 체형이든 마른 체형이든 간에 여자에 비해 뱃속에 내장 층의 비만이 2~3배 더 많은 데다가 흡연과 음주를 즐기기 때문에 더 많은 지방이 배에 쌓이는 것이다.

즉, 복부 비만은 그릇된 식생활과 음주 및 흡연 그리고 운동 부족 등이 원인이며, 특히 기초대사량이 낮아지는 중년 이후에 중성 지방이 축적되면서 나타난다.

만약 평생에 단 한 번만이라도 뚜렷한 복부 근육을 갖고 싶다면 성인 남자의 평균 체지방률 20~30%에서 5~10%까지 떨어뜨려야만 한다.

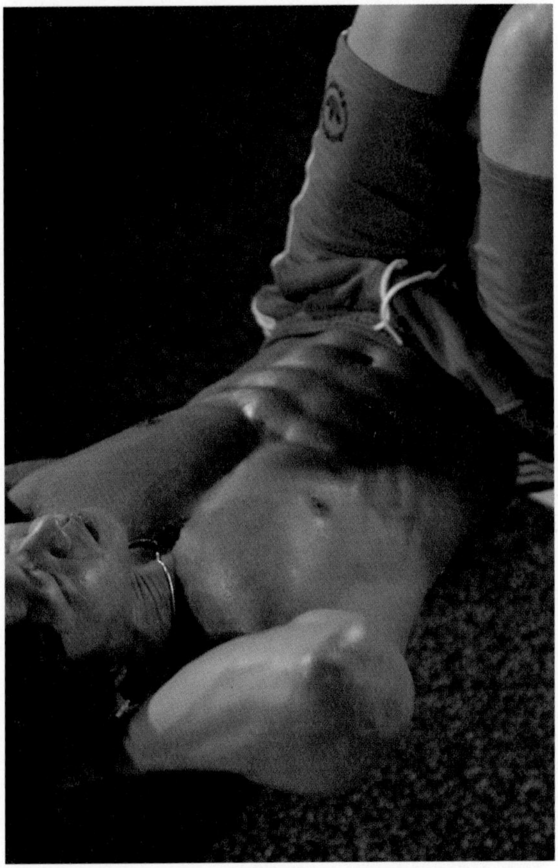

:: **복부 운동**에 대하여

하복부를 먼저 운동하라

처음 운동을 시작한 초보자들은 아래쪽 복근부터 시작해 경사진 옆구리 쪽을 운동한 뒤 마지막으로 위쪽 근육을 운동하는 것이 좋다. 대부분의 사람들이 윗배보다는 아랫배가 더 약하고 많이 나온 데다가 하복부와 옆구리를 운동하면 상복부도 조금씩 피곤해져서 자연스럽게 운동이 되는 효과가 있기 때문이다.

그렇다고 해서 항상 같은 순서로 운동하는 것이 능사는 아니다. 운동의 구성과 방법을 몸이 기억하지 못하도록 자주 바꾸는 것이 훨씬 좋다.

복부 근육도 다른 부위의 근육과 같다

매일같이 팔 운동과 가슴 운동을 하면 오히려 오버 트레이닝(운동 뒤 근육의 피로가 충분히 풀리지 않은 상태에서 다시 운동하는 것)으로 근육이 지치고 회복이 안 되며 부상의 위험이 높아진다.

복근 운동도 마찬가지이다. 매일 많은 횟수를 한다고 해서 멋진 복근을 만들 수 있는 것은 아니다.

일주일에 3~4회 정도 실시하되 운동할 때마다 얼마나 집중적으로 하여 근육이 타는 듯한 느낌을 받는지가 훨씬 더 중요하다.

올바른 자세로 운동한다면 단 1회의 동작으로도 근육이 타는 듯한 느낌을 받을 수 있다. 자신의 운동자세가 올바른지 다시 한 번 체크하자.

Side Bend

사이드 벤드

사이드 벤드 운동은 옆구리를 단련하는 운동이다.
다리는 어깨 너비로 벌리고 한쪽 팔은 머리 뒤로 한 후
덤벨을 들고 있는 쪽으로 몸을 옆으로 기울여 숙인다.
덤벨은 무릎 아래까지 내린다. 내릴 때는 천천히 무게를 느끼면서 내리고
올릴 때는 긴장감을 유지하며 약간 빠르게 올린다.
덤벨을 들고 있지 않은 쪽으로 몸을 움직인다고 해서 운동효과가
더 커지지는 않으므로 무리해서 동작 범위를 크게 할 필요는 없다.
숨은 덤벨을 내리면서 들이쉬고 올릴 때 내쉰다.

1

2

3

크런치

크런치 운동은 탄탄하고 군살 없는 상복부를 만드는 데에 가장 기본이 되는 운동이다.
시선은 정면을 향하고 턱과 몸 사이는 주먹이 하나 들어갈 정도의 간격을 유지한다.
이 상태에서 몸을 만다는 느낌으로 상체를 일으킨 후 잠시 멈췄다가 천천히 내려온다.
강제로 몸을 일으키기 위해 목이나 머리를 잡아당기지 말아야 하며 어깨가 바닥에 닿을 정도로 완전히 눕지 않도록 주의하며 실시한다.
숨은 몸을 내리면서 들이쉬고 올릴 때 내쉰다.

1

2

3

Knee Up

니 업

니 업 운동은 하복부를 단련하는 운동이다.
벤치 끝 부분에 앉아 양옆을 손으로 잡고 안정된 자세를 유지한다.
상체는 약간 뒤로 젖히고 다리는 모은 후
무릎을 가슴 쪽으로 부드럽게 가져오고
잠시 멈췄다가 시작점으로 돌아간다.
너무 빠른 속도로 운동하거나
반동을 이용해 몸이 흔들리지 않도록 주의한다.
자칫 허리에 무리가 갈 수 있기 때문이다.
숨은 몸을 오므릴 때 내쉬고 펴면서 들이쉰다.

빨래판 같은 복부 만들기 프로그램

초급자용

부위	종목	횟수	세트	보기
가슴	시티드 체스트 벤치 프레스 Seated Chest Bench Press 덤벨 플라이 Dumbbell Fly	10~12	3~4	 
등	풀 다운 Pull Down 케이블 로 Cable Row	10~12	3~4	 
어깨	비하인드 넥 프레스 Behind Neck Press 래터럴 레이즈 Lateral Raise	10~12	3~4	 
팔	컨센트레이션 컬 Concentration Curl 풀리 푸시 다운 Pulley Push Down	10~12	3~4	 
다리	레그 프레스 Leg Press 레그 컬 Leg Curl 레그 익스텐션 Leg Extension	10~12	3~4	  
복부	더블 크런치 Double Crunch 니 업 Knee Up 사이드 벤드 Side Bend 크런치 Crunch	15~20	3~4	   

운동 전후에 반드시 스트레칭을 한다. 늦은 저녁 탄수화물 섭취는 가급적 삼가한다.
유산소 운동은 운동 전 약 10분, 운동 후 약 30분 이상 실시한다.

| 코디법 | 박스 스타일의 옷은 피하라. 몸이 커 보이고 배가 더 나와 보일 수 있다. 너무 밝거나 화려한 색상보다는 약간 어두운 톤의 옷을, 굵은 줄무늬가 들어간 옷보다는 가는 세로 줄무늬의 옷을 입으면 훨씬 세련되고 날씬해 보인다.

Chapter 5

탄력 있는 팔 만들기

팔의 근육은 크게 알통이라 불리는 앞쪽의 이두근과 말발굽 모양을 한 뒤쪽의 삼두근 그리고 손목에서 팔꿈치 사이의 전완근으로 이뤄져 있다.

이두근은 말 그대로 두 개의 근육으로 이뤄져 팔을 구부리거나 물건을 몸 안쪽으로 잡아당길 때 주로 많이 사용되는 근육이다.

사이즈를 키우려면 주로 무거운 바벨을 이용하고 뚜렷한 윤곽과 커팅을 원한다면 주로 가벼운 덤벨을 이용하는 것이 좋다. 이두근 운동에서 중요한 것은 팔꿈치를 구부려 손목을 바깥으로 내뻗는 것이다. 그러면 이두근의 안쪽을 좀 더 강하게 자극할 수 있다.

세 개의 머리로 이뤄진 삼두근은 이두근과 마찬가지로 어깨 관절과 팔꿈치에 걸쳐 있으며 주로 팔을 뻗거나 물건을 몸 밖으로 밀어낼 때 많이 사용한다.

이 세 개의 머리를 자극하기 위해서는 다양한 각도에서의 운동을 해야 한다.

팔의 근육은 가슴이나 등 운동을 할 때 조금씩 단련되는 데다가 팔은 신체에서 작은 근육에 속하므로 너무 많은 시간을 들여 오버 트레이닝이 되지 않도록 주의하자.

다시 한 번 강조하자면 얼마만큼 무거운 무게로 오래 운동하는지가 아니라 얼마나 집중해서 운동하는지가 더욱 중요하다.

∷팔 근육

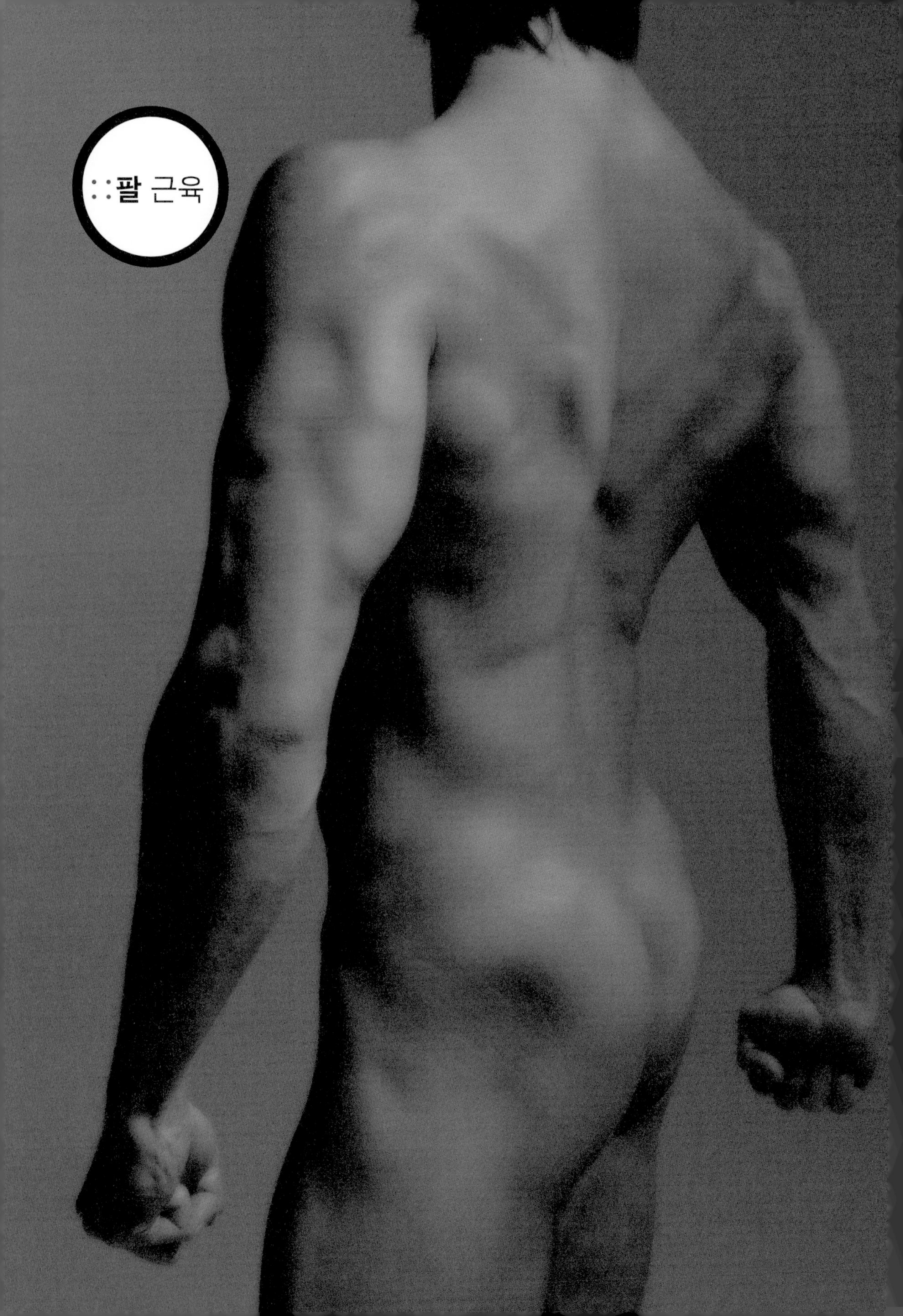

삼두근 Triceps

말발굽 모양의 삼두근은 세 개의 봉우리로 만들어져 다양한 각도에서의 운동이 필요하다.

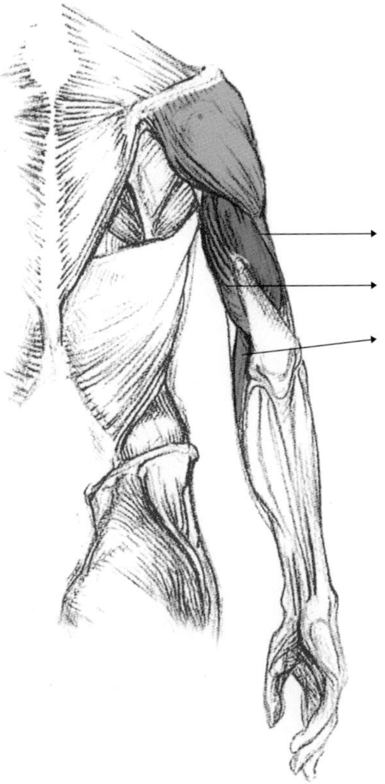

EXERCISE
프리처 컬 Preacher Curl
오버헤드 익스텐션 Overhead Extension
킥 백 Kick Back
케이블 프레스 다운 Cable Press Down

이두근 Biceps

이두근 운동에서 중요한 점은 팔꿈치를 굽혀 손목을 바깥으로 내뻗는 것이다.

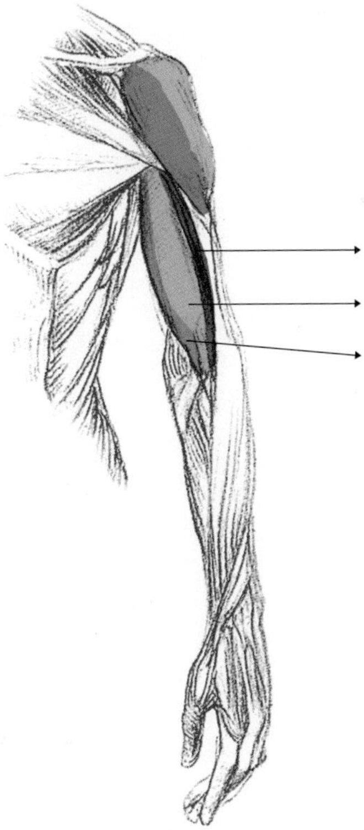

EXERCISE
덤벨 컬 Dumbbell Curl
바벨 컬 Barbell Curl

:: 다양한 체형별 **팔 운동**

아줌마처럼 통통한 팔

전형적인 비만 남성의 팔이다. 대개 운동량도 부족한 탓에 팔을 들어 올리면 삼두근이 축 늘어져 덜렁거리는 모습을 보인다. 이두근과 삼두근 운동은 물론이고 축 처진 어깨 라인을 살려주는 운동도 같이 해야 한다. 한 번에 15~20회 정도의 반복과 세트 중심으로 운동하되 체지방을 태울 수 있는 유산소 운동은 필수다.

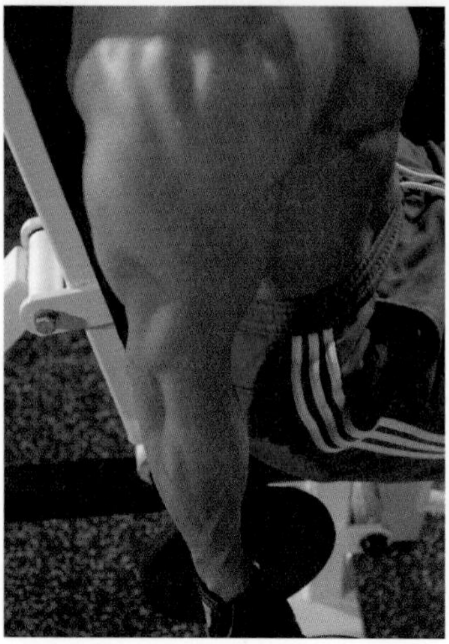

앙상하고 빈약한 팔

전체적으로 체지방도 적고 근육의 양도 적다. 신진대사가 빨라 체지방은 쉽게 붙지 않지만 근육의 양 또한 쉽게 늘지 않는다. 이런 경우 반복과 세트 위주의 운동보다는 휴식시간을 길게 갖고 약간 무게를 늘려서 한 번에 8~10회 정도의 운동을 하는 것이 효과적이다. 욕심을 내서 너무 많은 시간을 팔 운동에 할애하면 오히려 오버트레이닝으로 근육 성장을 방해하게 된다.

짧고 두꺼운 팔

힘은 좋지만 매끈한 모습을 갖추지는 못한 체형이다. 무거운 무게로 운동하려고 욕심부리지 말고 한 번에 12~15회 정도 반복할 수 있는 적당한 무게로 운동하고 휴식 시간은 짧게 갖는다. 무거운 무게로 팔 근육의 사이즈를 늘리기보다는 적당한 무게와 정확한 자세로 팔 근육을 뚜렷하게 해주는 운동을 하자.

길고 가는 팔

모델처럼 긴 팔은 매력적이긴 하지만 자칫 여자의 팔처럼 보이기도 한다. 한 번에 8~10회 정도 실시할 수 있는 무게로 운동한다. 충분한 영양 섭취는 기본이다.

Dumbbell Curl

덤벨 컬

덤벨 컬 운동은 이두근(팔 앞부분)을 단련하는 운동이다.
양손에 덤벨을 들고 어깨 너비로 자세를 취한 후
팔꿈치는 몸의 약간 앞부분에 고정한 상태에서 덤벨을 들어 올린 후
잠시 멈췄다가 천천히 내린다.
몸의 반동을 지나치게 이용하지 않아야 하며
운동 중에 허리가 구부러지지 않도록 허리를 편 상태에서 실시한다.
숨은 덤벨을 올릴 때 내쉬고 내리면서 들이쉰다.

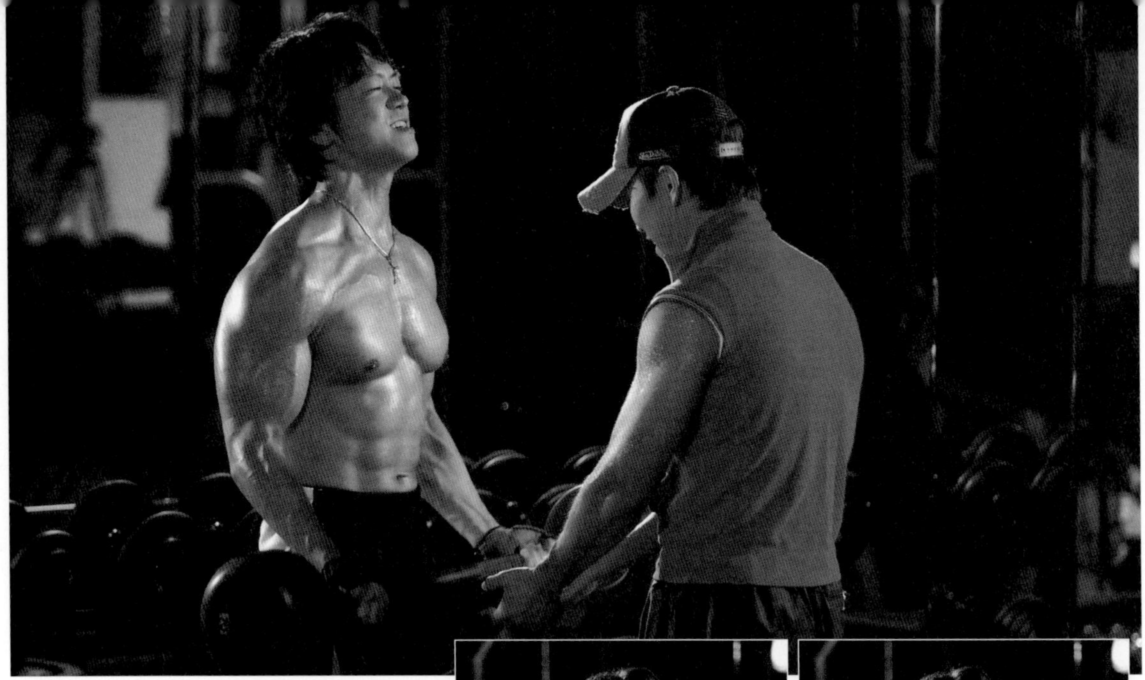

Barbell Curl

바벨 컬

바벨 컬 운동은 상완이두근, 즉 팔 앞부분 근육을 키우는 가장 대표적인 운동이다.
바를 어깨 너비로 잡은 후 팔꿈치는 몸에 고정한 상태에서 실시한다.
바벨을 들어 올린 후 잠시 멈췄다가 천천히 내린다.
몸의 반동을 지나치게 이용하지 않아야 하며 운동 중에 허리가 구부러지지 않도록 허리를 편 상태에서 실시한다.
숨은 바벨을 올릴 때 내쉬고 내리면서 들이쉰다.

1

2

3

4

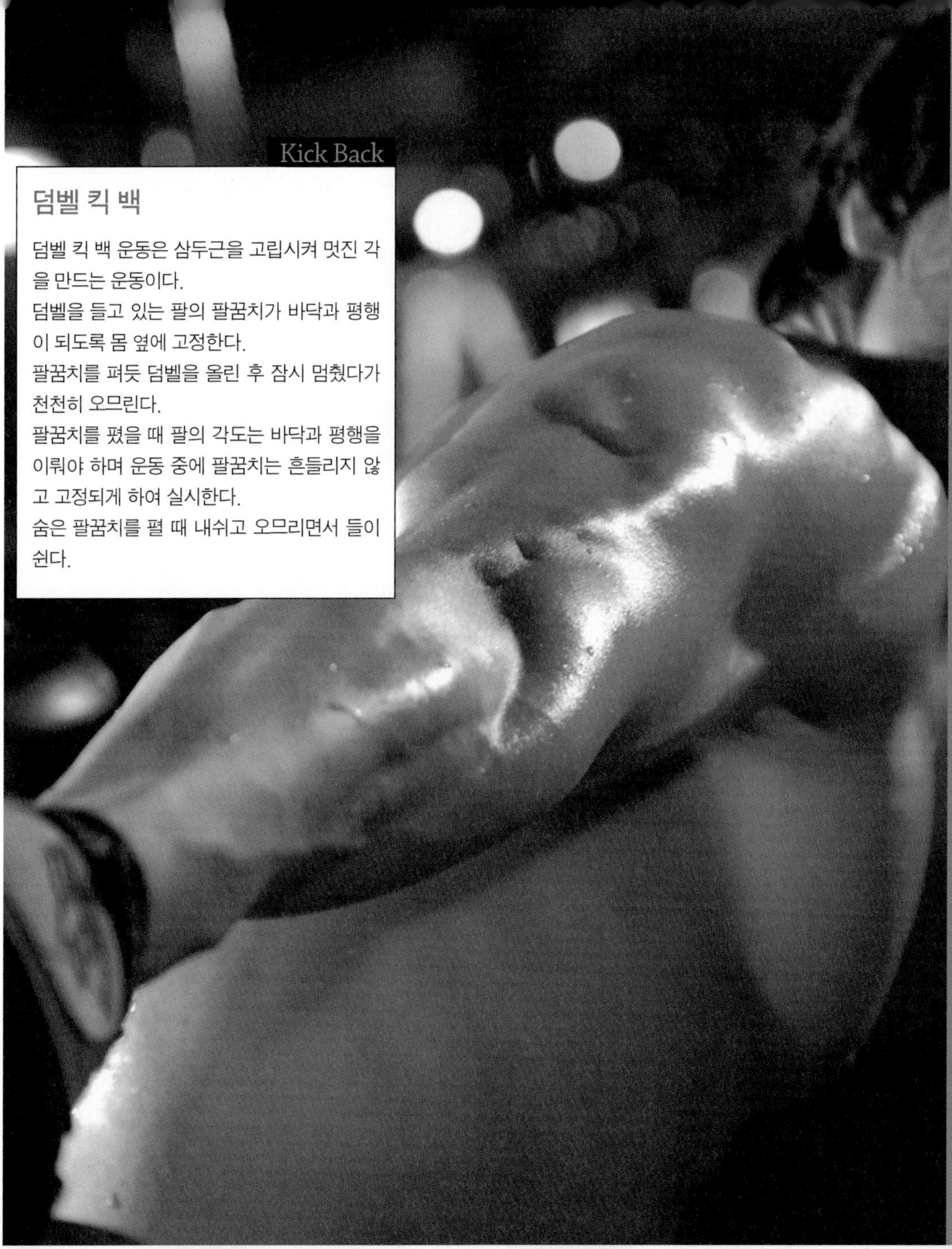

Kick Back

덤벨 킥 백

덤벨 킥 백 운동은 삼두근을 고립시켜 멋진 각을 만드는 운동이다.

덤벨을 들고 있는 팔의 팔꿈치가 바닥과 평행이 되도록 몸 옆에 고정한다.

팔꿈치를 펴듯 덤벨을 올린 후 잠시 멈췄다가 천천히 오므린다.

팔꿈치를 폈을 때 팔의 각도는 바닥과 평행을 이뤄야 하며 운동 중에 팔꿈치는 흔들리지 않고 고정되게 하여 실시한다.

숨은 팔꿈치를 펼 때 내쉬고 오므리면서 들이쉰다.

풀리 푸시 다운

풀리 푸시 다운 운동은 삼두근을 고립시켜 단련하는 운동이다.
상체를 약간 숙인 후 바를 잡는다.
팔꿈치는 몸 앞 부위에 고정한 채로 가슴 중앙에서 아래쪽으로 팔을 쭉 편다는 느낌으로 내린 후 잠시 멈췄다가 시작점으로 돌아온다.
허리를 과도하게 굽히거나 팔꿈치가 운동 중에 움직이지 않도록 고정해야 한다
숨은 팔을 내릴 때 내쉬고 올리면서 들이쉰다.

One Arm Dumbbell Extension

원 암 덤벨 익스텐션

원 암 덤벨 익스텐션 운동은 삼두근을 단련하는 운동이다.
덤벨을 들고 있는 팔의 팔꿈치를 귀 옆에 고정하고 머리 위로 팔꿈치를 펴듯 덤벨을 올린 후 잠시 멈췄다가 천천히 머리 뒤로 오므린다.
팔꿈치가 운동 중에 흔들리지 않도록 실시한다.
숨은 덤벨을 올릴 때 내쉬고 내리면서 들이쉰다.

8 kg
Panasonic

부위	종목	횟수	세트	보기
팔	덤벨 컬 Dumbbell Curl 풀리 푸시 다운 Pulley Push Down 바벨 컬 Barbell Curl 원 암 덤벨 익스텐션 One Arm Dumbbell Extension 킥 백 Kick Back	10~12	3~4	
어깨	비하인드 넥 프레스 Behind Neck Press 덤벨 프레스 Dumbbell Press	10~12	3~4	
가슴	벤치 프레스 Bench Press	10~12	3~4	
등	풀 다운 Pull Down 케이블 로 Cable Row	10~12	3~4	
다리	스쿼트 Squat 레그 컬 Leg Curl 레그 익스텐션 Leg Extension	10~12	3~4	
복부	크런치 Crunch 니 업 Knee Up	15~20	3~4	

팔 근육은 몸 전체 근육에 비해 상대적으로 작은 근육이기 때문에 길게 운동하지 않는 것이 좋다.
(오버트레이닝 할 수 있기 때문이다.)
유산소 운동은 웨이트 운동 후 30분 정도 실시한다. 운동 전후에 반드시 스트레칭을 실시한다.

| 코디법 | 팔이 너무 두꺼운 경우 꽉 끼는 옷은 피한다. 소매는 약간 넉넉하고 팔꿈치 위까지 살짝 내려오는 게 좋다. 반대로 팔이 너무 말라서 고민일 때는 민소매옷과 딱 달라붙는 옷은 가급적 삼가자. 더 초라해 보일 수 있다. 소매가 넉넉한 옷과 밝은 톤의 옷으로 상체에 볼륨감을 주자.

Part 5

Body Shaping
몸 만들기 II

남자가 원하는 여자 몸 만들기

Chapter 1

비너스 가슴 만들기

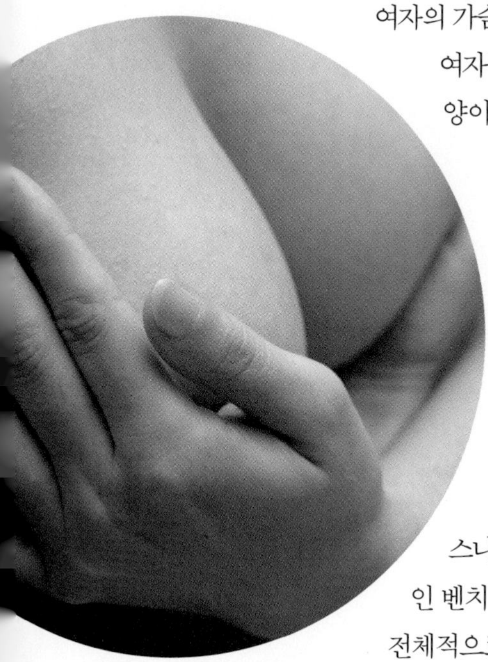

여자의 가슴은 크게 대흉근과 소흉근으로 나뉜다.

여자는 남자와는 다른 호르몬 분비로 인해 유방이 풍성하며 지방의 양이 많다.

대흉근은 일반적으로 가슴 앞부분에 보이는 전체를 말하며 소흉근은 대흉근의 바로 안쪽에 위치한 근육이다. 대흉근을 자극하면 바로 밑에 붙어 있는 소흉근도 같이 자극할 수 있다.

중량을 높여서 운동하기보다는 적은 무게로 정확한 동작을 취해 운동하는 것이 좋다. 흉곽을 들어 올리고 바르게 폄으로써 시각적으로 탄탄하고 볼륨 있는 가슴으로 보일 수 있다.

가슴 상부가 빈약할 경우 인클라인 벤치를 이용해 덤벨 프레스나 바벨 프레스 운동을 실시하고 가슴 하부가 빈약할 때는 디클라인 벤치에서 덤벨 플라이 같은 운동을 실시한다.

전체적으로 예쁘고 볼륨감 있는 가슴을 원한다면 벤치 프레스나 덤벨 플라이, 푸시 업 같은 운동이 효과적이다.

::가슴 근육

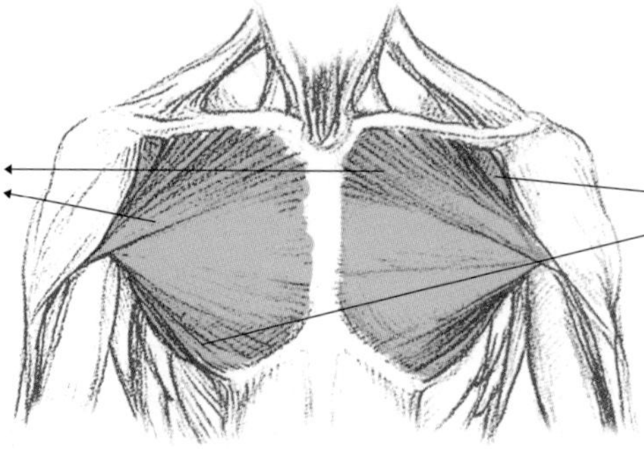

가슴 Chest

EXERCISE

덤벨 플라이Dumbbell Fly
플라이 머신Fly Machine

:: **비너스** 같은 깊숙한 골짜기

여자의 일생 가운데 가장 이상적인 몸매가 형성되는 나이는 25세이다. 신체의 모든 면에서 컨디션이 최상이고 성장이 완성 단계에 이르며, 가슴이 가장 둥근 반구 모양을 유지하면서도 무게 때문에 아래로 처지지 않고 봉긋한 모양을 유지하는 때이기도 하다. 여자라면 누구나 영원한 가슴 미인으로 살고 싶을 것이다.

여자의 섹시함이 시작되는 가슴. 그 가슴을 36인치까지 키워보자.

몸에 꽉 끼고 노출이 심한 옷도 욕심 내며 살자.

자세를 바꾸면 얼마든지 풍만한 가슴으로 보일 수 있다

동서양 여자의 가슴을 사진이나 동영상으로 보면 서양 여자들의 가슴이 훨씬 커 보이지만 가슴 자체의 사이즈를 실제로 보면 그다지 큰 차이가 없다. 다만 서양인은 동양인에 비해 허리가 짧고 다리가 길어서 가슴이 상대적으로 커 보일 뿐이다. 한마디로 착시 현상인 것이다.

가슴 자체는 근육이 아니라 지방이다

운동과 다이어트를 열심히 할수록 가슴 사이즈는 줄어들기만 한다.

몸매는 분명 예쁘고 날씬해져 가는데 가슴은 자꾸만 줄어드는 것이다. 이는 지극히 당연한 결과다. 가슴은 지방으로 이뤄졌기 때문이다. 그렇다고 운동을 포기하라는 것은 절대 아니다.

여자들은 특히 사춘기 때 가슴이 나오는 것을 창피해하며 팔짱을 끼고 다니는 경우가 많은데 이때 상체가 움츠러들어 자신도 모르게 등이 굽는 경우가 많다.

굽어 있는 등은 펴주고 쓸데없는 체지방은 태우며 흉곽을 올려주는 운동을 하자.

더 볼륨감 있는 가슴을 만들 수 있다.

〉〉 Tips 여자의 가슴은 지방으로 이뤄져 있어 실제로 근육 운동을 통해 U라인을 형성하기는 어려우나 운동을 통해 체형을 바르게 함으로써 당당해 보이는 가슴을 가질 수 있다.

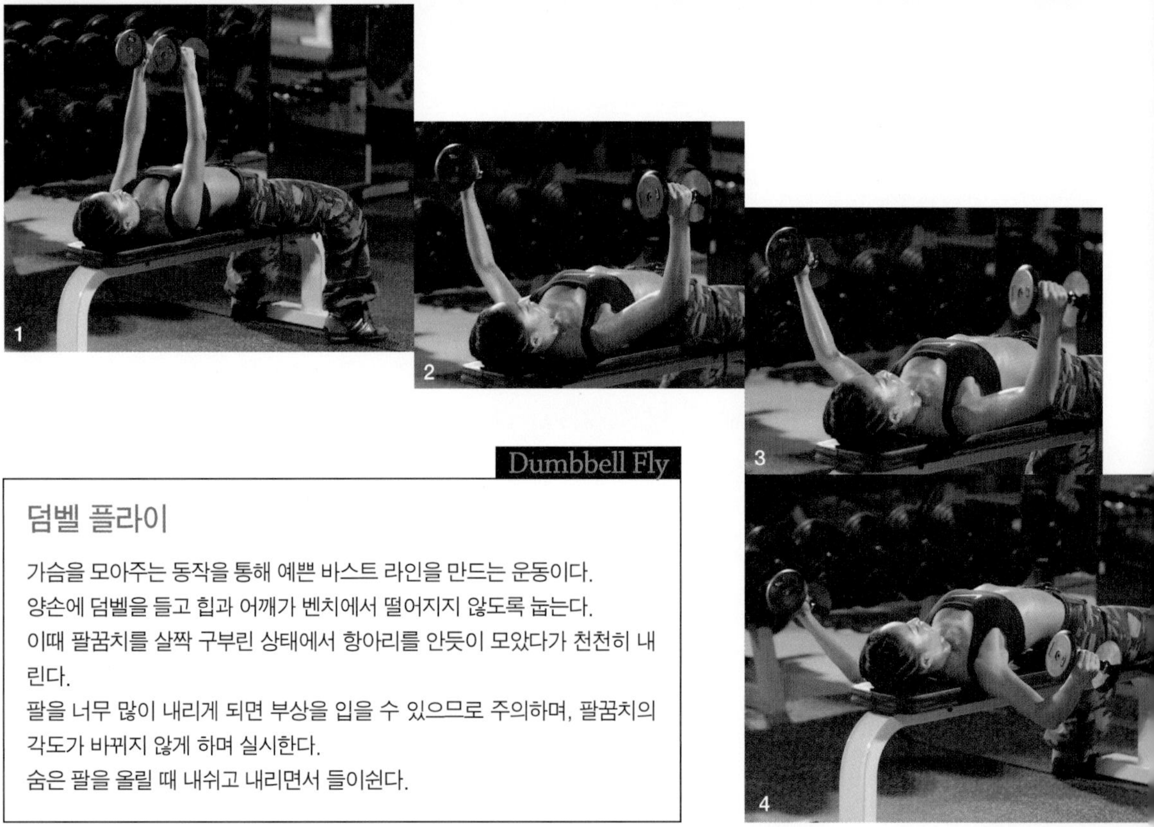

Dumbbell Fly

덤벨 플라이

가슴을 모아주는 동작을 통해 예쁜 바스트 라인을 만드는 운동이다.
양손에 덤벨을 들고 힙과 어깨가 벤치에서 떨어지지 않도록 눕는다.
이때 팔꿈치를 살짝 구부린 상태에서 항아리를 안듯이 모았다가 천천히 내린다.
팔을 너무 많이 내리게 되면 부상을 입을 수 있으므로 주의하며, 팔꿈치의 각도가 바뀌지 않게 하며 실시한다.
숨은 팔을 올릴 때 내쉬고 내리면서 들이쉰다.

펙 덱 플라이

가슴을 모아주는 동작을 통해 예쁜 바스트 라인을 만드는 운동이다.
벤치의 높이는 패드의 위치가 어깨선과 가슴선 사이에 오도록 조정한 후 벤치에 힙과 어깨가 떨어지지 않도록 자세를 취한다.
패드에 팔꿈치를 대고 어깨선과 나란한 상태를 유지하면서 운동을 실시하며
양쪽의 패드가 만나는 지점에서 잠시 멈췄다가 돌아간다.
운동하는 중에 팔꿈치가 패드에서 떨어지지 않게 해야 하며 동작 범위가 너무 크지 않게 주의한다.
숨은 패드를 모으면서 내쉬고 펼치면서 들이쉰다.

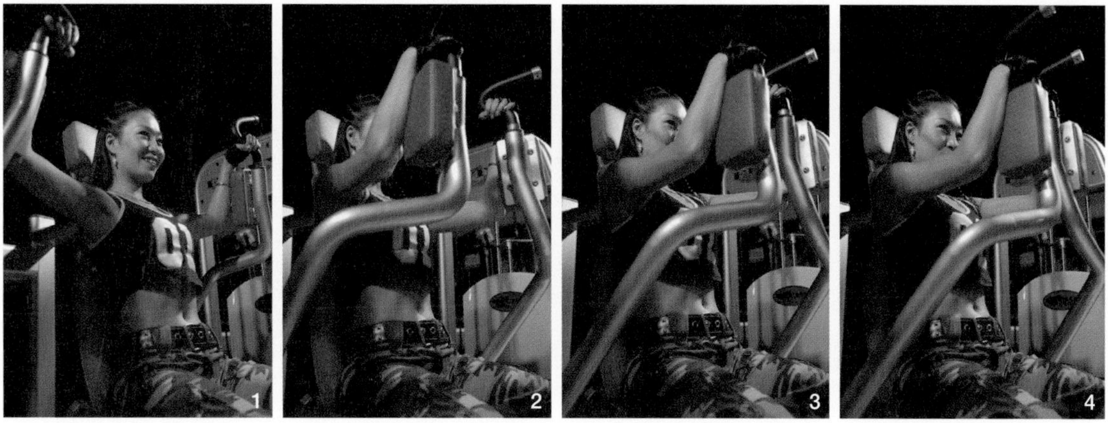

부위	종목	횟수	세트	보기
어깨	덤벨 프레스 Dumbbell Press 래터럴 레이즈 Lateral Raise 비하인드 넥 프레스 Behind Neck Press	8~12	4~5	
등	풀 다운 Pull Down 케이블 로 Cable Row	8~12	4~5	
복부	크런치 Crunch 니 업 Knee Up	10~15	4~5	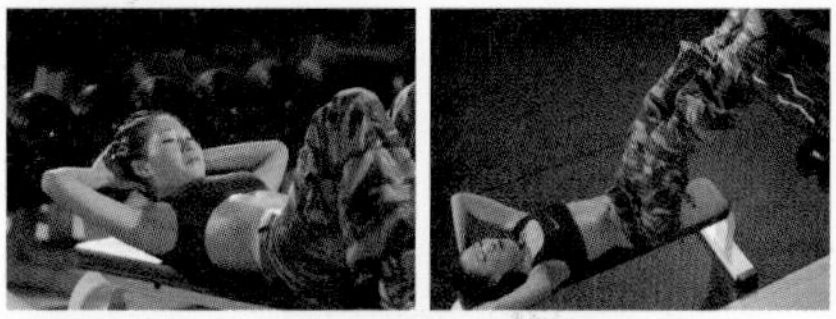
가슴	덤벨 플라이 Dumbbell Fly 펙 덱 플라이 Pec Deck Fly	8~12	3	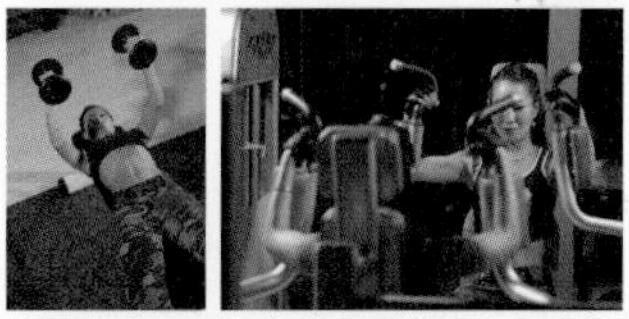
다리	레그 프레스 Leg Press 런지 Lunge	8~12	3	
팔	덤벨 컬 Dumbbell Curl 킥 백 Kick Back	8~12	3	

운동 전후에 반드시 스트레칭을 실시한다.
유산소 운동은 웨이트 운동 후 저강도로 30~40분 정도 한다.

| 코디법 | 상체의 볼륨이 없는 여성들은 줄무늬나 체크무늬를 이용한 의상을 입고 아이보리를 비롯한 부드러우면서 밝은 파스텔 계열 색상의 옷을 입는다. 여성적인 매력과 몸매를 살리기 위해서는 허리를 약간 조이는 스타일의 옷을 선택하는 것이 좋다. 그리고 가슴이 빈약해 보이지 않으면서 몸매의 아름다움을 더하기 위해 약간의 여유가 있는 옷을 선택한다. 마지막으로 속옷의 기능을 다양화해 아름다운 실루엣을 연출한다.

Chapter 2

슬림한 어깨와 팔 만들기

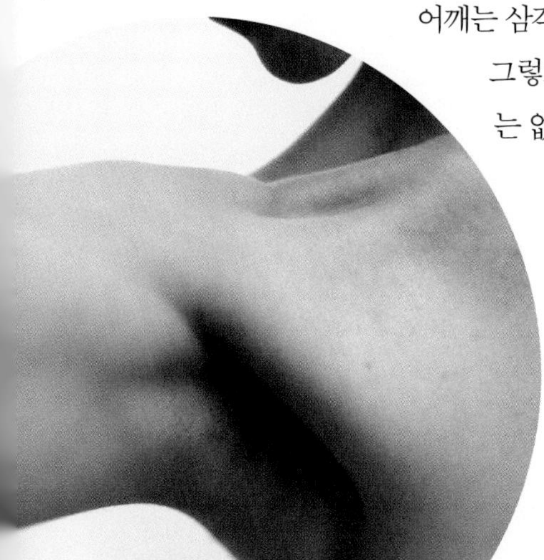

어깨는 삼각근이라고도 불리며 사방에서 볼 수 있는 근육이다.

그렇기 때문에 한 가지 운동만으로 예쁘고 탄력 있는 어깨를 만들 수는 없다. 여러 각도에서의 다양한 운동이 필요하다.

어깨의 앞부분은 덤벨 프레스로 운동하고 어깨가 앞으로 많이 굽거나 처진 경우 어깨를 펴주고 뒷부분을 집중적으로 운동할 수 있는 바벨 백 프레스, 그리고 옆에서 봤을 때 팔과 어깨 라인을 매끄럽고 탄력 있게 만드는 덤벨 사이드 래터럴 레이즈 같은 운동을 해야 한다.

팔은 크게 앞쪽의 이두근과 뒤쪽의 삼두근으로 나뉜다.

특히 여자의 경우 팔의 뒤쪽에 탄력이 없고 체지방의 양이 많아 축 처져 보이는 경우가 많다.

무거운 중량을 이용하기보다는 가벼운 무게를 여러 번 반복하는 횟수 위주의 운동으로 덤벨 킥 백이나 케이블 프레스 다운 같은 운동을 실시한다. 이두근은 덤벨 컬이나 바벨 컬 등을 실시해 단련한다.

::어깨/팔 근육

어깨

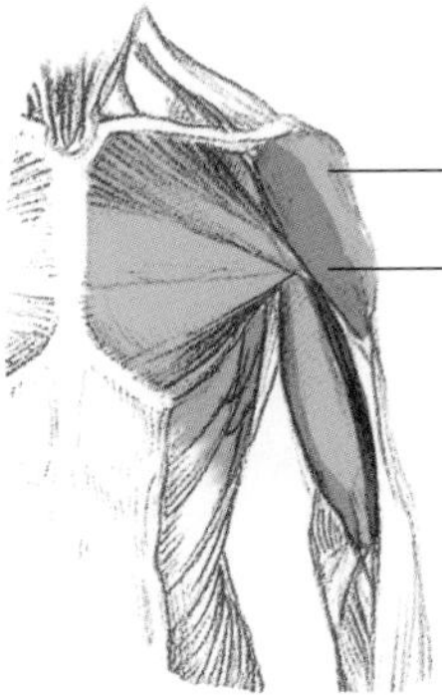

EXERCISE

덤벨 프레스 Dumbbell Press
래터럴 레이즈 Lateral Raise
벤트 오버 래터럴 레이즈
Bent Over Lateral Raise

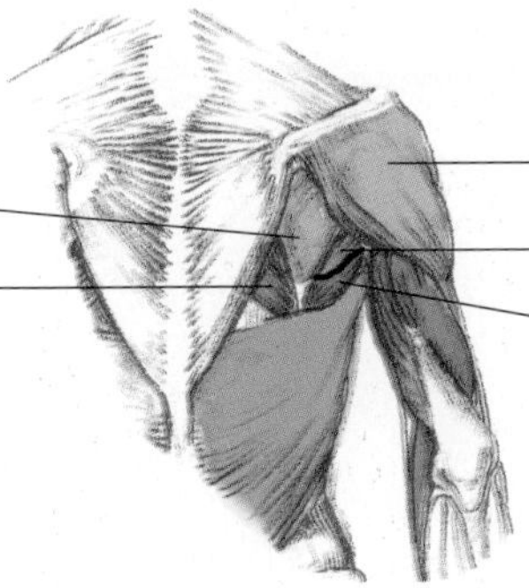

팔

삼두근 Triceps

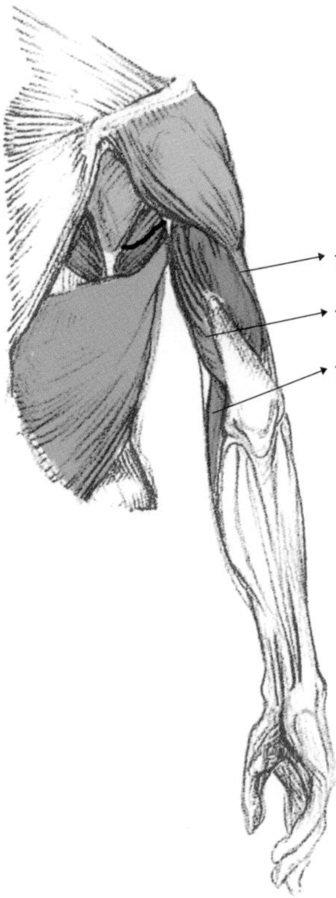

이두근 Biceps

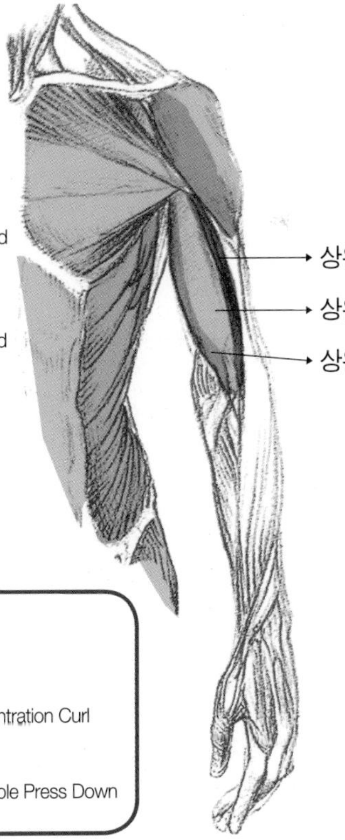

EXERCISE

덤벨 컬 Dumbbell Curl
컨센드레이션 컬 Concentration Curl
킥 백 Kick Back
케이블 프레스 다운 Cable Press Down

:: 날씬하고 탄력 넘치는 **팔**과 슬림한 **어깨 라인**

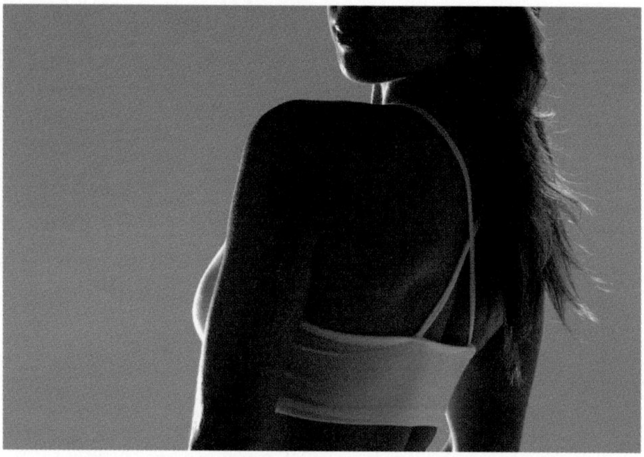

내 팔에 벌써 아줌마 살이…

여자의 가냘픈 팔과 날씬한 어깨 라인을 보게 되면 남자는 무의식적으로 왠지 모르게 안아주고 싶은 충동을 느낀다.

그렇다고 굶어서 뼈만 앙상한 팔을 만들라는 것은 절대 아니다.

남자들은 여려 보이면서도 날씬하고 탄력이 넘치는 팔과 슬림한 어깨 라인을 좋아한다.

여린 어깨 라인을 따라 흐르는 날씬한 여자의 팔은 아름다움의 극치이자 남성의 보호본능을 불러일으킨다. 무더운 한여름에 시원하게 민소매를 입은 여자는 보는 사람에게 시원함을 느끼게 한다.

하지만 운동 부족이나 과도한 칼로리 섭취로 비만이 되고, 20대의 나이인데도 팔뚝 부위에 일명 '아줌마 살'이 붙기 시작하면 쉽게 빠지지도 않는다. 특히 이 부위의 부분 비만은 어깨와 팔을 이어주는 견갑골의 잘못된 위치나 불균형을 가져다줄 수 있다. 견갑골의 변형은 체내 순환을 어렵게 하여 한 번 지방이 쌓이면 쉽게 빠지지 않게 한다.

〉〉 Tips 단순하게 팔과 어깨의 웨이트 트레이닝만으로는 당신이 원하는 완벽한 라인을 만들 수 없다.
반드시 유산소 운동을 병행해서 체지방을 태워라.
두터운 지방 속에 가려진 슬림하고 탄력 있는 팔과 어깨의 매력적인 라인을 볼 수 있게 될 것이다.

내 팔뚝은 어떤 스타일일까?

분류	아줌마처럼 축 처진 팔뚝	굵고 단단한 팔뚝	남자처럼 알통이 나온 팔뚝
상태	말 그대로 팔을 옆으로 들었을 때 팔의 살이 밑으로 처지는 상태	팔이 굵으며 만졌을 때 단단하고 탱탱해서 잘 잡히지 않는 상태	볼록하게 알통이 나온 것처럼 팔이 울퉁불퉁한 상태
원인	팔을 거의 사용하지 않고 운동도 하지 않아, 근육의 양이 부족하고 피부에 탄력이 떨어져 늘어지는 경우	지방이 계속해서 쌓인 끝에 팔이 굵어지고 단단하게 굳어버린 경우	대부분 한쪽 방향으로만 무리하게 근육을 사용하기 때문에 팔이 불균형을 이룬 경우
해결책	스트레칭과 근력 운동, 유산소 운동, 식이요법	유산소 운동, 식이요법	근육을 이완시키는 마사지, 팔의 균형을 보완하는 근력 운동, 식이요법

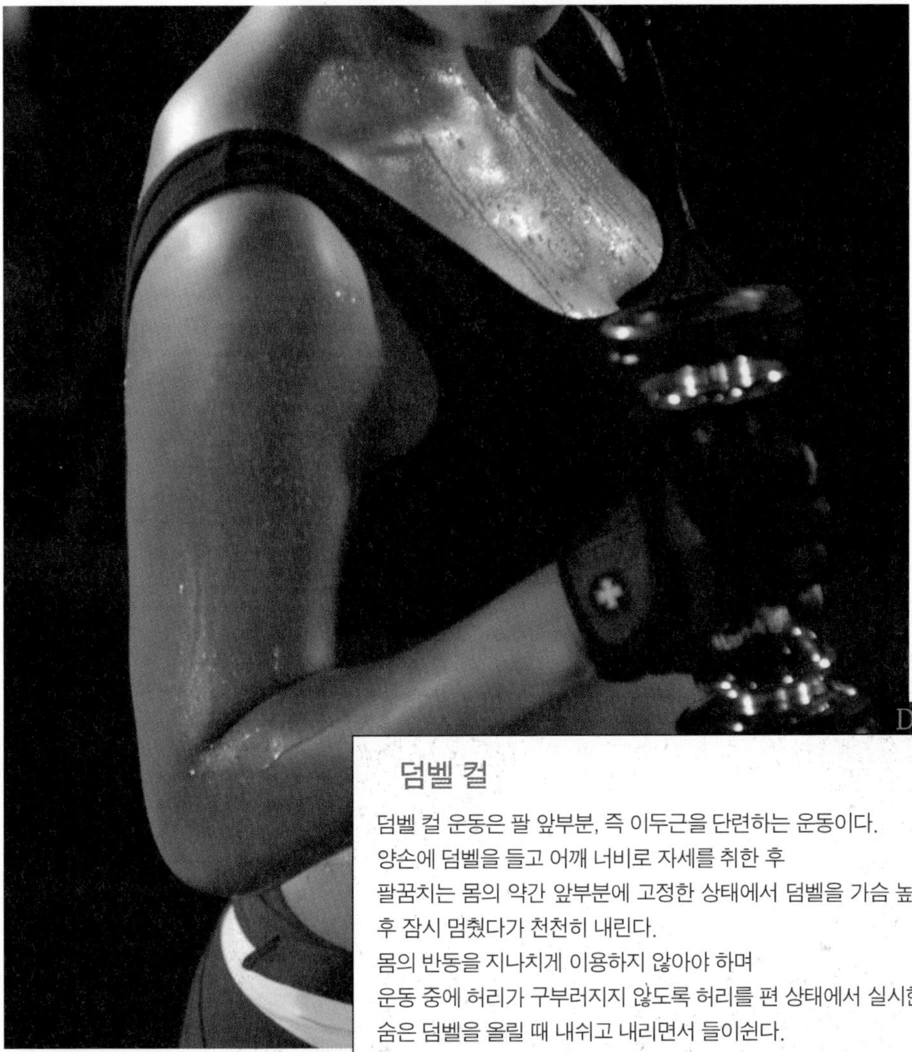

Dumbbell Curl

덤벨 컬

덤벨 컬 운동은 팔 앞부분, 즉 이두근을 단련하는 운동이다.
양손에 덤벨을 들고 어깨 너비로 자세를 취한 후
팔꿈치는 몸의 약간 앞부분에 고정한 상태에서 덤벨을 가슴 높이까지 들어 올린 후 잠시 멈췄다가 천천히 내린다.
몸의 반동을 지나치게 이용하지 않아야 하며
운동 중에 허리가 구부러지지 않도록 허리를 편 상태에서 실시한다.
숨은 덤벨을 올릴 때 내쉬고 내리면서 들이쉰다.

Concentration Curl

컨센트레이션 컬

컨센트레이션 컬 운동은 상완이두근, 팔 앞부분 근육을 고립시켜
마치 산처럼 볼록하게 만드는 가장 대표적인 운동이다.
벤치에 앉아 상체를 조금 숙이고 팔꿈치를 허벅지 안쪽 무릎 가까이에 고정시킨 후 덤벨을 어깨 쪽으로 당긴다. 이 지점에서 잠시 멈췄다가 천천히 내린다.
어깨가 흔들리지 않도록 고정한다.
당길 때 팔꿈치가 뒤로 빠지지 않게 자세를 잡아야 하며 내릴 때 팔꿈치를 완전히 펴지 않도록 주의한다.
숨은 덤벨을 당길 때 내쉬고 내리면서 들이쉰다.

Pulley Push Down

풀리 푸시 다운

풀리 푸시 다운 운동은 삼두근을 고립시켜 단련하는 운동이다.
상체를 약간 숙인 후 바를 잡는다.
팔꿈치는 몸 앞 옆구리 부위에 고정한 채로
가슴 중앙에서 아래쪽으로 팔을 쭉 편다는 느낌으로 내린 후
잠시 멈췄다가 시작점으로 돌아온다.
허리를 과도하게 굽히거나
팔꿈치가 운동 중에 움직이지 않도록 고정해야 한다.
숨은 내릴 때 내쉬고 올리면서 들이쉰다.

1

2

3

4

덤벨 킥 백

덤벨 킥 백 운동은 삼두근을 고립시켜 말발굽처럼 멋진 각을 만드는 운동이다.

덤벨을 든 팔의 팔꿈치가 바닥과 평행이 되도록 몸 옆에 고정한다.
팔꿈치를 뒤로 차듯 덤벨을 올린 후
잠시 멈췄다가 천천히 내리면서 오므린다.
팔꿈치를 폈을 때 팔의 각도는 바닥과 평행을 이뤄야 하며
운동 중에 팔꿈치가 흔들리지 않도록 고정해 실시한다.
숨은 팔꿈치를 펼 때 내쉬고 오므리면서 들이쉰다.

Dumbbell Press

덤벨 프레스

덤벨 프레스 운동은 덤벨을 이용해 올바른 상체 자세를 갖게 하고 단단한 어깨를 만드는 운동이다.
다리는 어깨 너비만큼 벌리고 시선은 전방을 향한 후 허리를 편 상태의 자세를 취한다.
덤벨은 귀 높이 지점에서 시작해 머리 위로 올린 후 잠시 멈췄다가 귀 높이까지 천천히 내린다.
반동을 이용하거나 몸이 흔들리지 않아야 하며 덤벨을 지나치게 많이 내리지 않도록 주의한다.
또한 팔꿈치가 몸 뒤로 빠지지 않아야 한다.
숨은 덤벨을 올릴 때 내쉬고 내리면서 들이쉰다.

벤트 오버 래터럴 레이즈

벤트 오버 래터럴 레이즈 운동은 후면삼각근(어깨의 뒷근육)을 단련하는 운동이다.
양손에 덤벨을 들고 상체를 바닥과 거의 평행을 이룰 정도로 숙인 후 허리는 편 상태에서 운동을 실시한다.
팔꿈치는 아주 살짝 구부리고 양손의 덤벨은 어깨 라인보다 약간 위쪽까지 올린 후 잠시 멈췄다가 천천히 내린다.
몸의 반동을 지나치게 이용해서는 안 되며 팔꿈치가 몸에 붙지 않도록 주의한다.
숨은 덤벨을 올릴 때 내쉬고 내리면서 들이쉰다.

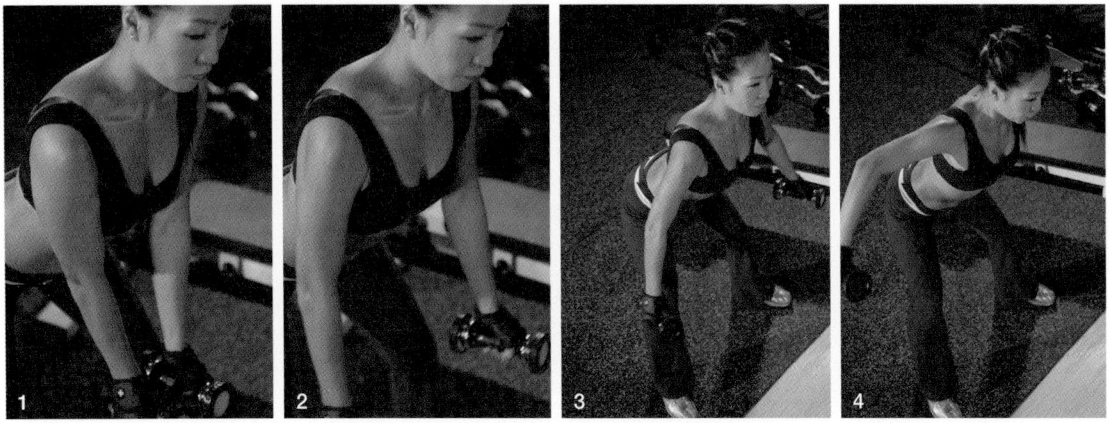

날씬한 팔과 어깨 만들기 프로그램

초급자용

부위	종목	횟수	세트	보기
어깨	덤벨 프레스 Dumbbell Press 래터럴 레이즈 Lateral Raise 벤트 오버 래터럴 레이즈 Bent Over Lateral Raise	10~12	4~5	  
팔	덤벨 컬 Dumbbell Curl 컨센트레이션 컬 Concentration Curl 킥 백 Kick Back 풀리 푸시 다운 Pulley Push Down	10~12	4	   
가슴	덤벨 프레스 Dumbbell Press 푸시 업 Push Up	10~12	3	 
등	풀 다운 Pull Down 케이블 로 Cable Row	10~12	3	 
다리	레그 컬 Leg Curl 레그 익스텐션 Leg Extension	10~12	3	 
복부	크런치 Crunch 니 업 Knee Up	15~20	3	 

운동 전후에 반드시 스트레칭을 한다. 매일 팔 운동만 집중적으로 하면 오히려 운동 효과가 떨어진다.
유산소 운동은 웨이트 운동 후 저강도로 30~40분 정도 한다.

| 코디법 | 팔이 꽉 끼는 옷은 피해라. 약간 여유가 있으면서 소매가 팔꿈치 조금 위까지 살짝 내려오는 옷이 팔을 날씬하고 길어 보이게 한다. 원피스를 입을 경우 가는 어깨 끈이 아슬아슬하게 걸쳐지는 옷을 입어보자. 팔과 어깨가 훨씬 더 날씬해 보일 것이다.

Chapter 3

S라인 만들기

날씬한 복부, 잘록한 허리, 군살 없는 등, 봉긋한 힙. 이 모든 것이 서로 조화를 이룰 때 완벽한 S라인이 나올 수 있다.

복부는 상복부와 하복부 그리고 가운데 복부로 나뉜다. 부위에 상관없이 운동 횟수를 많이 하는 것보다는 정확한 자세로 운동하는 것이 훨씬 중요하다.

상복부는 크런치 운동, 하복부는 니 업 운동, 가운데 복부는 싯 업 운동을 실시한다. 이때 옆구리 쪽은 사이드 벤드 운동을 병행해 실시한다.

대부분 눈에 보이는 앞쪽은 열심히 운동하지만 눈에 보이지 않는 등에는 소홀해지기 쉽다.

등의 전체적인 라인과 윤곽은 랫 풀 다운이나 롱 풀 같은 운동을 집중적으로 실시하고 허리 부위의 군살을 제거하는 데는 백 익스텐션 운동을 실시한다.

하체, 특히 힙은 신체 근육 중에서도 대근육 군에 속하며 봉긋하고 탄탄한 힙은 S라인을 완성하는 데 반드시 필요한 부분이다.

런지와 데드리프트처럼 힙을 최대한 자극할 수 있는 운동으로 볼륨감과 탄력을 키우자.

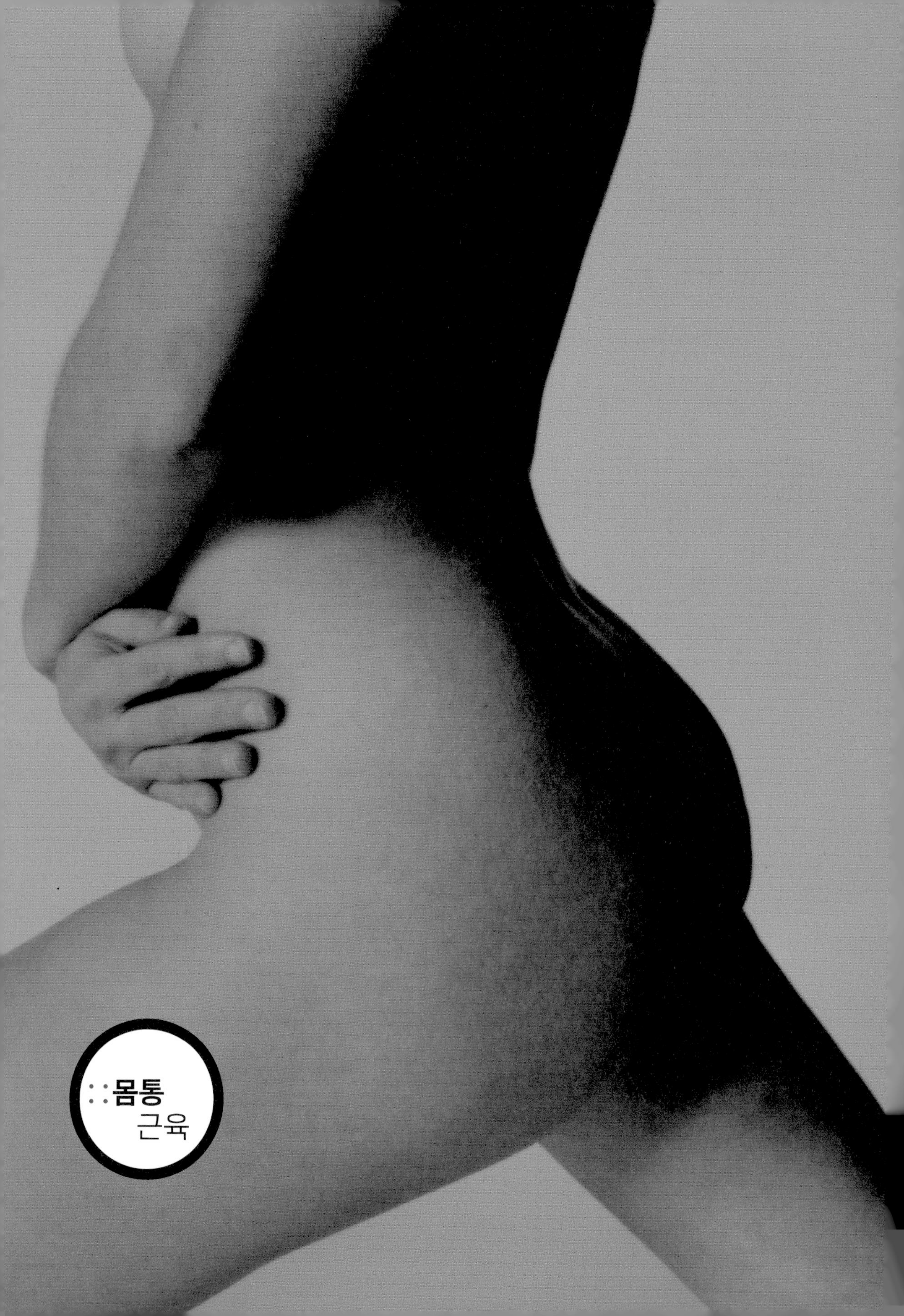

::몸통
근육

등 Backs

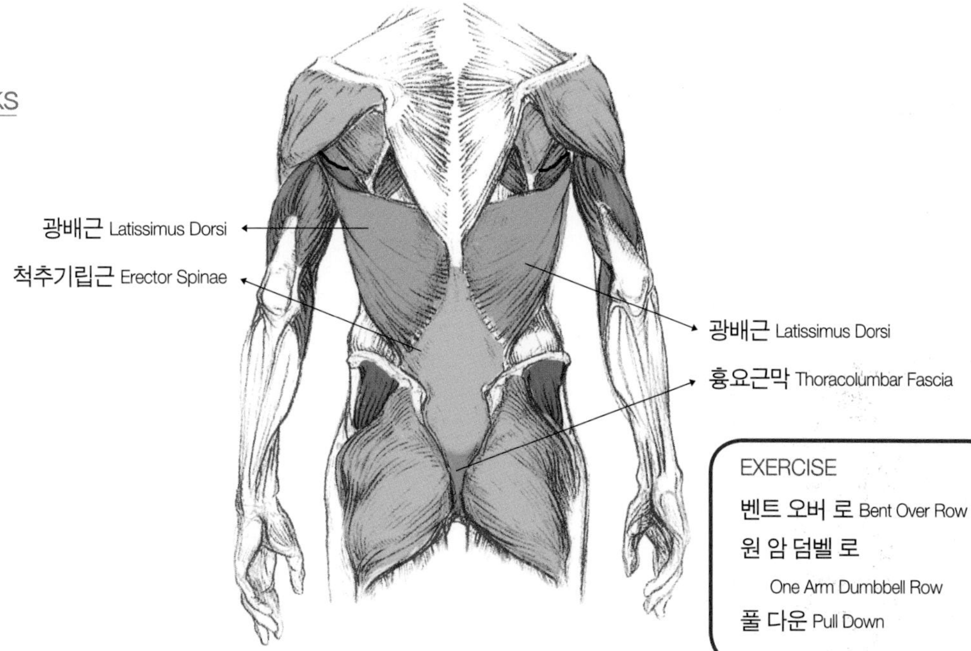

EXERCISE
벤트 오버 로 Bent Over Row
원 암 덤벨 로
One Arm Dumbbell Row
풀 다운 Pull Down

복부 Abdominalst

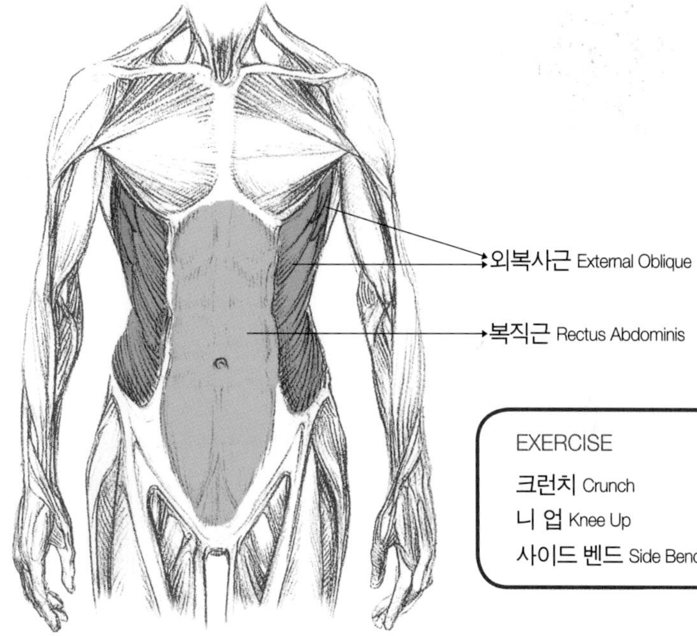

EXERCISE
크런치 Crunch
니 업 Knee Up
사이드 벤드 Side Bend

엉덩이: 둔근 Glutes

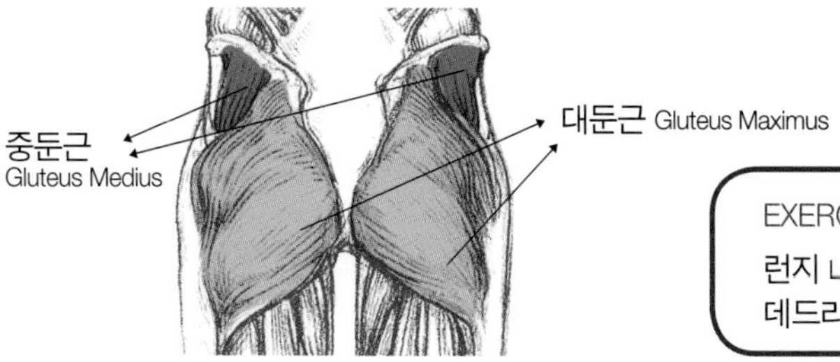

EXERCISE
런지 Lunge
데드리프트 Deadlift

: : **상체**와 **힙**에 볼륨을 높여라

살을 빼겠다고 별다른 계획도 없이 달리기만 하더라도 분명히 몸의 체지방은 줄고 허리도 어느 정도 날씬해질 것이다.

하지만 왠지 몸매의 볼륨은 없어지고 삐쩍 말라 보이게 되거나 허릿살은 별로 빠지지 않고 오히려 가슴이나 힙의 살만 더 빠져 초라한 몸매가 되어버리기도 한다.

홀쭉한 복부와 허리에만 너무 집착하고 다른 부위는 소홀히 하거나 운동하지 않았기 때문이다.

허리가 가늘어지는 것에는 분명 한계가 있다. 오히려 등 운동이나 가슴에 볼륨을 줄 수 있는 운동을 해서 힙에 탄력을 줘야 허리도 더욱더 잘록해 보이고 굴곡 있는 S라인을 만들 수 있을 것이다.

상체와 힙에 탄력과 볼륨을 높여라.

허리 라인이 없어서 창피해요

허리 라인이 문제라면 운동과 식이요법을 통해 전체적인 체지방을 줄이고 뱃살과 허릿살을 빼서 멋지게 흘러내리는 S라인을 만들 수 있다.

S라인에서 가장 중요한 부위이자 모든 여자들이 가장 빼고 싶어 하는 부위는 바로 뱃살일 것이다. 아랫배를 손가락으로 잡았을 때 두께가 3cm 미만이면 배꼽티도 소화할 수 있지만, 다른 부위에서는 군살을 찾아볼 수 없는 몸매의 소유자라도 아랫배의 살이 두루뭉술하다면 S라인은 무너지고 옷맵시도 나지 않는다.

특히 임신과 출산을 겪으며 생긴 복부와 허리의 군살을 1년 안에 제거하지 못한다면 그대로 유지되기 쉽다. 복부 비만인 경우, 임신 후반기에 뱃살이 트기도 한다.

어떤 경우라도 복부의 지방은 장시간의 운동과 식이요법으로 없앨 수 있음을 잊지 말고 매력적인 S라인을 만들기 위해 꾸준히 노력하자.

〉〉 Tips 다리가 짧은 여성이라면 더욱더 허리의 라인을 살려라. 남자들의 시선을 완벽한 라인으로 유혹해 단점을 보완할 수 있다.

:: 허리 라인을 망치는 생활 습관

아침을 굶는다

다이어트의 기본은 아침을 꼭 먹는 것이다. 아침을 굶게 되면 점심과 저녁에 과식이나 폭식을 하게 된다. 특히 늦은 저녁 식사로 먹는 음식이야말로 뱃살이 나오는 주 원인이다.

항상 큰 옷을 입는다

뚱뚱한 사람들은 자신의 몸매에 자신이 없기 때문에 주로 큰 옷을 입는다. 하지만 편하게 있을 시간에도 본인이 긴장할 수 있도록 몸에 꼭 맞는 옷을 입으면 군살이 붙는 것을 방지할 수 있다.

배를 내밀고 서 있는다

몸이 삐뚤어져 있거나 배를 내민 듯 서 있는 자세가 익숙한 사람이라면 아랫배가 나오기 쉽다.

허리를 구부리고 앉는다

앉을 때 허리가 굽고 힙이 의자의 끝에 걸쳐지게 앉으면 허리에 무리가 갈뿐더러 자연스럽게 아랫배가 나온다. 앉을 때는 항상 등받이에 허리와 힙을 붙여 앉자.

자주 술을 마신다

늦은 저녁 잦은 술자리는 술 자체도 문제지만 같이 먹는 안주들이 대부분 짜거나 매운 데다가 칼로리도 높다. 그래서 운동을 한다고 해도 완벽한 S라인은 영영 만들 수 없다.

운동을 하지 않는다

몸은 절대 거짓말을 하지 않는다. 운동에 시간을 투자하고 많이 움직인 만큼 탄탄한 몸과 멋진 라인을 얻게 된다. 특히 허리와 배는 특별하게 신경을 쓰지 않는 한 움직임이 거의 없기 때문에 의식적으로 노력해야만 멋진 라인을 만들 수 있다.

One Arm Dumbbell Row

원 암 덤벨 로

원 암 덤벨 로 운동은 덤벨을 이용해 등 근육을 단련하는 운동이다.
한쪽 다리와 팔을 벤치에 올리고 허리를 구부리지 않고 편 상태에서 실시한다.
덤벨을 잡고 팔꿈치는 몸통 쪽으로 향하도록 덤벨을 올린 후 잠시 멈췄다가 천천히 내린다.
운동 중에 허리가 구부러지지 않도록 자세를 유지해야 하며 팔꿈치가 몸에서 많이 떨어지지 않아야 한다.
당길 때 단순히 팔로 당긴다는 느낌보다는 등을 조이며 접는다는 느낌으로 실시한다.
숨은 팔을 당길 때 내쉬고 내리면서 들이쉰다.

Knee Up

벤치 니 업

벤치 니 업 운동은 하복부를 단련하는 운동이다.
벤치 끝부분에 앉아 양옆을 손으로 잡고 안정된 자세를 유지한다.
상체는 약간 뒤로 젖히고 다리를 모은 후 무릎을 가슴 쪽으로 부드럽게 가져오면서 상체는 앞으로 움직인 후 잠시 멈췄다가 시작 지점으로 돌아간다.
너무 빠른 속도로 운동하거나 반동을 이용해 몸이 흔들리지 않도록 주의한다.
숨은 몸을 오므릴 때 내쉬고 펴면서 들이쉰다.

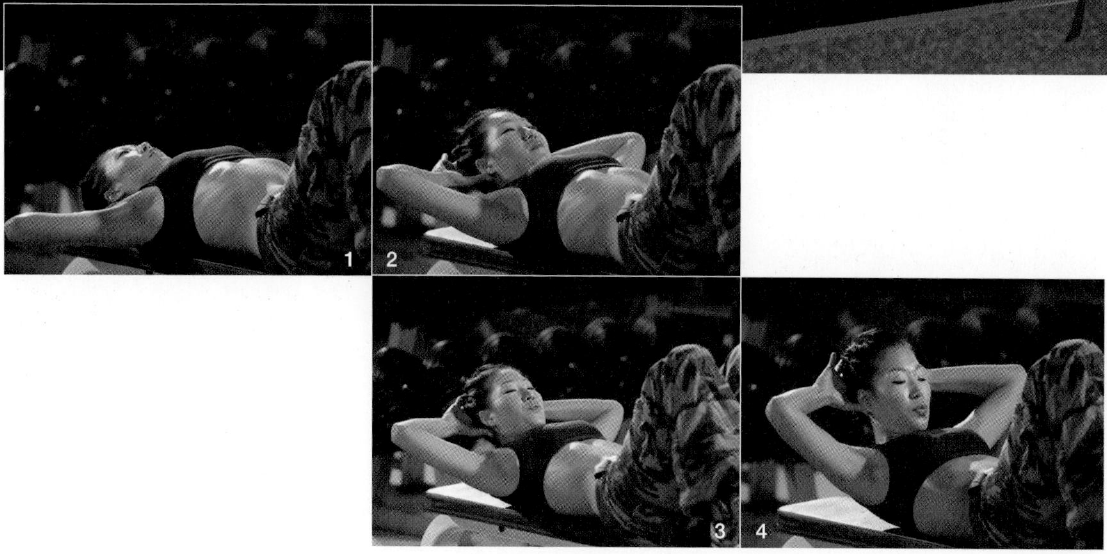

Crunch

크런치

크런치 운동은 날씬하고 군살 없는 상복부를 만드는 가장 대표적인 운동이다.
시선은 정면을 향하고 턱과 몸 사이에는 주먹이 하나 들어갈 정도의 간격을 유지한 상태에서 복근에 힘을 주어 몸을 만다는 느낌으로 상체를 일으킨 후 잠시 멈췄다가 천천히 내린다.
이때 강제로 몸을 일으키기 위해 목이나 머리를 잡아당기지 않도록 주의하며 어깨가 바닥에 닿을 때까지 완전히 눕지 않도록 실시한다.
너무 빠르게 실시하려 하지 말고 정확한 자세로 리듬을 타듯 부드럽게 실시한다.
숨은 상체를 내리면서 들이쉬고 올릴 때 내쉰다.

Side Bend

사이드 벤드

사이드 벤드 운동은 옆구리를 단련하는 운동이다.
다리는 어깨 너비로 벌리고 한쪽 팔을 머리 뒤로 한 후 덤벨을 들고 있는 쪽으로 몸을 숙인다.
내려갈 때는 천천히 무게를 느끼면서 내리고 올릴 때는 약간 빠르게 올린다.
덤벨을 들지 않은 쪽까지 움직인다고 해서 운동 효과가 더 커지지는 않으므로 무리해서 동작 범위를 크게 할 필요는 없다.
숨은 몸을 내리면서 들이쉬고 올릴 때 내쉰다.

바벨 런지

바벨 런지 운동은 대퇴사두근(허벅지 앞쪽 근육)을 단련하는 운동이다.
상체를 똑바로 세운 후 정면을 바라보고 한쪽 발을 앞으로 내밀고 허리를 편 상태에서 무릎이 90도가 되도록 천천히 앉는다.
왼발과 오른발의 앞뒤 간격이 너무 크거나 작으면 무릎에 부담이 가서 부상의 위험이 있다.
무릎의 각도는 90도 정도를 유지하면서 무릎이 발끝보다 앞으로 나가지 않는 범위까지를 보폭으로 하고 운동을 실시한다.
숨은 앉을 때 들이쉬고 올릴 때 내쉰다.

1

2

3

4

부위	종목	횟수	세트	보기
등	벤트 오버 로 Bent Over Row 원 암 덤벨 로 One Arm Dumbbell Row 풀 다운 Pull Down	10~12	4~5	  
가슴	덤벨 프레스 Dumbbell Press 푸시 업 Push Up 시티드 체스트 벤치 프레스 Seated Chest Bench Press	10~12	4~5	  
하체 (힙/다리)	런지 Lunge 데드리프트 Deadlift	10~12	4~5	 
어깨	덤벨 프레스 Dumbbell Press 래터럴 레이즈 Lateral Raise	10~12	3	 
팔	덤벨 컬 Dumbbell Curl 오버 헤드 익스텐션 Over Head Extension	10~12	3	 
복부	크런치 Crunch 니 업 Knee Up 사이드 벤드 Side Bend	15~20	4~5	  

운동 전후에 반드시 스트레칭을 한다.
유산소 운동은 웨이트 운동 후 저강도로 30~40분 정도 한다.

| 코디법 | 박스 스타일의 옷은 피하고 어느 정도 허리 선이 들어간 옷을 입는다. 너무 마른 경우 빈약해 보이는 결점을 보완하기 위해 파스텔톤이나 밝은 색 상의를 입자. 여성스러움을 살려주는 웨이브를 넣은 헤어스타일이 좋다.

Chapter 4

예쁜 다리 만들기

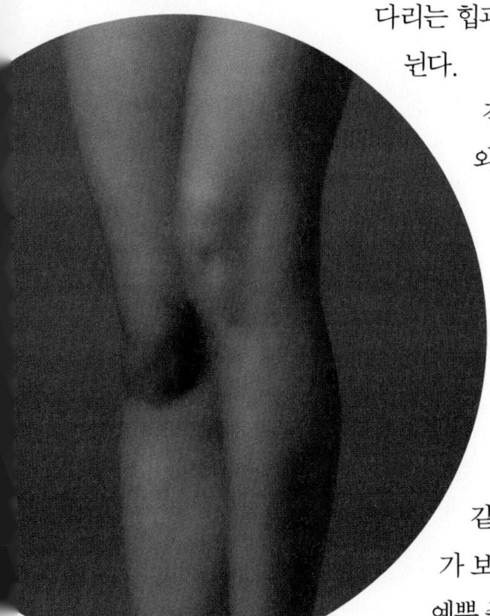

다리는 힙과 허벅지 앞쪽의 대퇴사두근, 허벅지 뒤쪽의 대퇴이두근으로 나뉜다.

전체적인 다리의 근력을 키우고 라인을 만들기 위해서는 스쿼트와 레그 프레스를 실시한다.

이때 허벅지 앞쪽은 레그 익스텐션을, 허벅지 뒤쪽은 레그 컬을 실시해 탄력 있는 근육을 만든다.

특히 여자의 경우 허벅지 앞 무릎 부위의 근육이 발달하면 앞에서 봤을 때 다리가 짧아 보이는 경우가 있으므로 앞보다는 힙과 허벅지 뒤쪽에 더 신경을 써서 운동하는 것이 좋다.

힙과 허벅지 뒤쪽의 경계라인에 레그 컬이나 런지, 스쿼트 같은 운동으로 탄력을 주게 되면 다리 모양도 예뻐지고 힙도 올라가 보여 균형 잡힌 긴 다리로 보인다.

예쁜 종아리를 만들기 위해서는 스탠딩 카프 레이즈를 실시한다.

::다리 근육

허벅지 Thighs

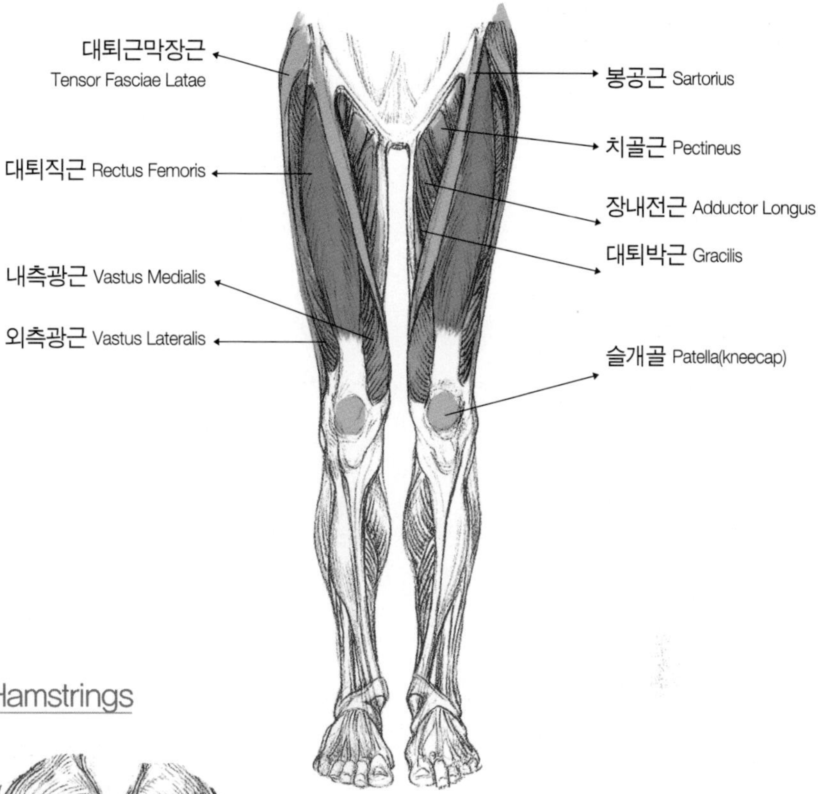

허벅지 뒤: 슬와근 Hamstrings

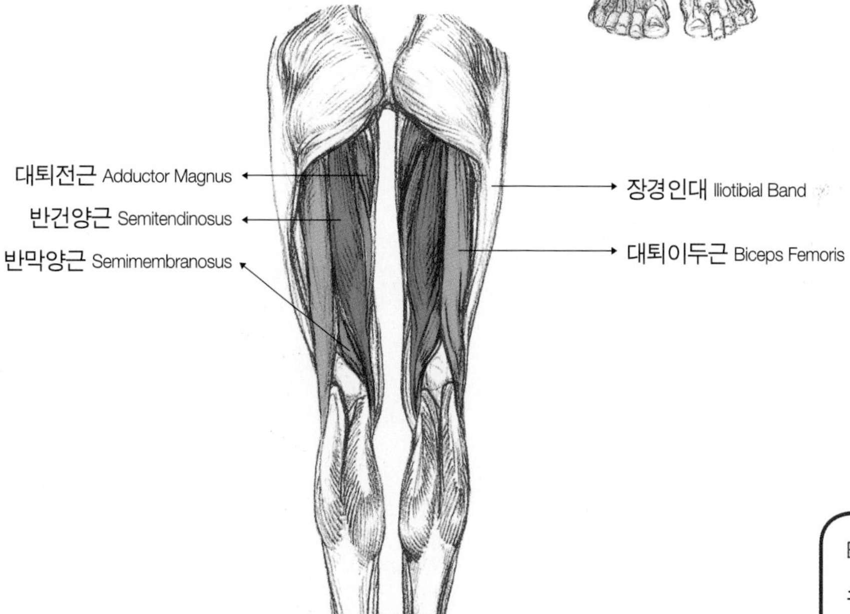

EXERCISE

스쿼트 Squat

레그 컬 Leg Curl

레그 익스텐션 Leg Extension

런지 Lunge

데드리프트 Deadlift

: : 휜 다리의 종류

O자형 휜 다리

양발을 똑같이 붙이고 서 있을 때 무릎이 붙지 않고 밖으로 벌어진 상태이다. 고관절(골반과 엉덩이가 만나는 관절)이 앞으로 나오면서 틀어져 무릎이 바깥쪽으로 구부러지기 때문에 체중이 발 바깥쪽으로만 실린다. 그래서 평발이 되기도 하고 다리가 O자형으로 휘기도 한다.

대체로 종아리 바깥쪽이 발달해 알통이 튀어나온 경우가 많다.

걸음걸이 불량, 골반 이상, O자형 다리 등으로 나타나는 비복근 바깥쪽 알통은 O자형 다리를 교정해야 해소된다.

〉〉 Tips 집에서 할 수 있는 운동

무릎을 꿇고 앉아 엉덩이를 땅에 닿을 수 있게 양발을 약간 벌리고 발 모양은 편하게 한다. O자형 다리라면 이 자세가 처음에는 힘들어 오래 앉아 있지 못하겠지만 꾸준하게 연습해 습관이 되게 한다.

X자형 휜 다리

양쪽 무릎이 안으로 휘어지고 발은 바깥쪽으로 벌어진 상태다. 고관절이 뒤로 틀어지면서 무릎이 안으로 구부러져 있기 때문에 양 무릎이 닿아 걷는 데 불편함을 준다.

종아리의 근육을 비복근이라 하는데 비복근은 안쪽과 바깥쪽에 쌍으로 이뤄져 있다. 무릎 안쪽에 있는 비복근이 발달하면서 알통이 생기게 되고 X자형 다리의 알통은 무릎이 안쪽끼리 서로 닿아 종아리 안쪽 근육에 힘이 계속 가해져 안쪽의 비복근이 이를 감당하기 위해 커지게 되는 것이다. 주로 걸음걸이가 불량한 X자형 다리에서 많이 나타난다.

〉〉 Tips 집에서 할 수 있는 운동

방바닥에 앉아서 발바닥을 서로 붙여 몸 안쪽으로 쭉 끌어당긴다. X자형 다리라면 무릎이 땅에서 반드시 떨어진다. 발바닥을 몸 쪽으로 끌어당긴 상태에서 손은 무릎을 지그시 눌러 안쪽 비복근을 편하게 해주고 바깥쪽 비복근에 힘이 주어지게 만든다. 매일 이런 방법으로 무릎을 눌러준다.

휜 다리가 되는 나쁜 습관들

1. 주로 하이힐을 신는다.
2. 다리를 항상 한쪽으로만 꼬아 앉는다.
3. 허리를 구부리고 꾸부정한 자세로 걷는다.
4. 운전할 때 한쪽으로 기울어져 운전한다.
5. 척추가 한쪽으로 휘어 있는 것을 방치한다.
6. 출산 후 산후 조리를 제대로 하지 않는다.
7. 운동을 하지 않는다.
8. 오랜 시간 책상다리를 하고 앉는다.
9. 항상 몸의 한쪽에만 힘을 주고 기울인다.

〉〉 Tips 날씬하고 탄력 있는 다리는 미관상 보기 좋은 것만이 아니다. 튼튼한 하체는 건강한 신체의 기본이 된다. 섹시하고 탄력 있는 다리를 만들자.

다리가 예뻐지려면 힙 운동을 먼저 해라

여자라면 누구나 미니스커트를 입고 예쁜 다리를 뽐내며 남자들의 시선을 사로잡고 싶을 것이다.

그래서 종아리를 랩으로 감거나 맥주병으로 문질러도 보고 이런저런 운동도 해보지만 내가 원하는 날씬하고 매력 있는 다리를 갖지는 못했을 것이다.

특히 다리가 두껍거나 휘어서 아예 치마는 입을 엄두도 내지 못하고 평생 바지만 입는 여자들도 있다. 이런 휜 다리는 고관절의 내회전 이상과 안 좋은 생활 습관으로 만들어지는 경우가 대부분이다. 고관절에 이상이 생기면 무릎이 벌어져 다리가 휘고 힙이 처져서 골반 아래가 펑퍼짐해진다. 결혼도 안 한 아가씨의 힙이 출산하고 난 주부의 모양을 하는 경우도 있다.

이젠 다리가 휘었다고 무작정 다리에만 신경 쓰는 대신 생활 습관을 바꾸고 힙 운동을 해보자. 자연스럽게 휜 다리도 교정되고 날씬한 다리를 자랑할 수 있을 것이다.

1

2

3

Leg Curl

레그 컬

레그 컬 운동은 대퇴이두근(허벅지 뒷부분)을 단련하는 운동이다.
기구에 엎드린 자세에서 무릎을 구부려 당겨 올린 후
잠깐 멈췄다가 천천히 내린다.
운동 중에 엉덩이가 들리지 않게 벤치에 고정해야 하며
무릎이 완전히 펴지지 않도록 주의해 실시한다.
숨은 당길 때 내쉬고 무릎을 펴면서 들이쉰다.

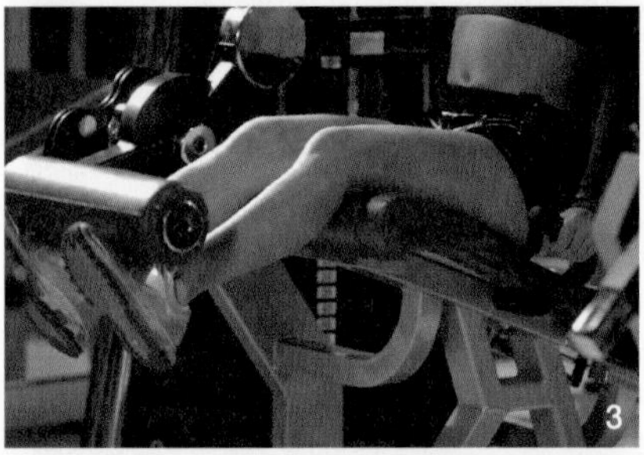

Leg Extension

레그 익스텐션

레그 익스텐션 운동은 대퇴사두근(허벅지 앞부분)을 단련하는 운동이다. 엉덩이가 기구에서 떨어지지 않도록 앉은 상태에서 다리를 쭉 편다는 느낌으로 중량을 올린 후 잠시 멈췄다가 천천히 내린다.
다리를 내릴 때 무게감을 느끼지 못하는 지점까지 완전히 내리지 않는다. 긴장감을 계속 유지하는 것이 중요하다.
숨은 다리를 펼 때 내쉬고 구부리면서 들이쉰다.

1

2

3

4

Squat

스쿼트

스쿼트 운동은 하체를 전반적으로 단련하는 가장 효과적인 운동이다.
허리를 편 상태에서 무릎이 발끝보다 너무 앞으로 나가지 않게 하며 천천히 바닥과 평행을 유지하면서 앉은 후 잠시 멈췄다가 올라온다.
또한 깊이 앉게 되면 힙 운동에 도움이 된다.
허리가 구부러지지 않고
무릎이 발끝보다 너무 앞으로 나가지 않도록 해야 한다.
숨은 내려가면서 들이쉬고 올릴 때 내쉰다.

Lunge

덤벨 런지

덤벨 런지 운동은 대퇴사두근(허벅지 앞)을 단련하는 운동이다.
양손에 덤벨을 들고 시선은 정면을 향한다.
한쪽 발을 앞으로 내밀고 허리는 편 상태에서 무릎이 90도가 되도록 천천히 앉는다.
너무 보폭을 크게 하거나 작게 하면 무릎에 부담을 주어 부상의 위험이 있다.
무릎 각도는 90도를 유지하면서, 무릎이 발끝보다 앞으로 나가지 않는 범위까지를 보폭으로 삼아 운동을 실시한다.
숨은 앉을 때 들이쉬고 올릴 때 내쉰다.

1

2

3

4

Stiff Leg Deadlift

스티프 레그 데드리프트

스티프 레그 데드리프트 운동은
대퇴이두근(허벅지 뒤)을 단련하는 운동이다.
바는 어깨 너비로 잡고 다리를 살짝 구부린 후
시선은 정면을 향하고 등은 편 상태로
허벅지 뒷부분이 스트레칭되는 지점까지
상체만 아래로 내린 후 잠깐 멈췄다가 올라온다.
운동 중에 등이 굽어지지 않게 등을 펴야 하며
무릎을 너무 구부리거나 펴지 않도록 실시한다.
숨은 내리면서 들이쉬고 올릴 때 내쉰다.

예쁜 다리 만들기 프로그램

초급자용

부위	종목	횟수	세트	보기
힙/다리	스쿼트 Squat 레그 컬 Leg Curl 레그 익스텐션 Leg Extension 런지 Lunge 데드리프트 Deadlift	10~12	4	    
가슴	덤벨 프레스 Dumbbell Press 시티드 체스트 벤치 프레스 Seated Chest Bench Press	10~12	4	 
등	풀 다운 Pull Down 케이블 로 Cable Row	10~12	4	 
어깨	덤벨 프레스 Dumbbell Press	10~12	4	
팔	덤벨 컬 Dumbbell Curl 풀리 푸시 다운 Pulley Push Down	10~12	4	 
복근	크런치 Crunch 니 업 Knee Up	15~20	4	 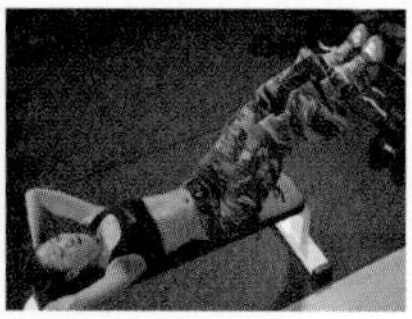

운동 전후에 반드시 스트레칭한다.
유산소 운동은 웨이트 운동 후 저강도로 30~40분 정도 한다.

| 코디법 | 꼭 맞는 바지는 절대 금물이다. 바지는 약간 통이 넓은 바지를 입고 똑바로 걸어라. 바른 자세와 걸음걸이는 휜 다리를 커버하는 가장 좋은 방법이다. 스커트를 입을 때는 무릎 위까지 내려오고 끝자락이 자연스럽게 퍼진 디자인이 좋다.

Part 6
클럽에서의 운동

Chapter 1

어깨 근육을 단련하는 운동

>> Behind Neck Press

비하인드 넥 바벨 프레스 크고 우람한 어깨를 만드는 운동

>> Dumbell Press

덤벨 숄더 프레스 덤벨을 이용해 크고 우람한 어깨를 만드는 운동

<< Dumbbell Side Lateral Raise

덤벨 사이드 래터럴 레이즈 덤벨을 이용해 측면삼각근을 단련하는 운동

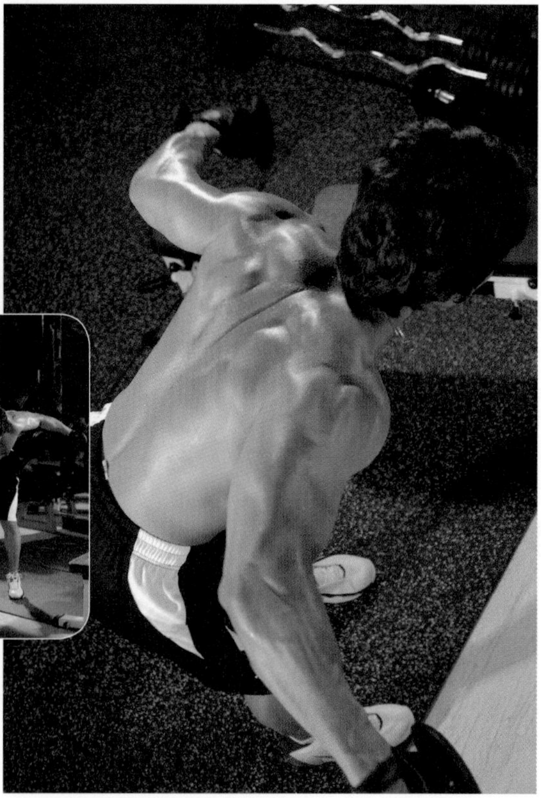

>> Bent Over Lateral Raise

벤트 오버 래터럴 레이즈 후면삼각근을 단련하는 운동

>> Alternate Front Lateral Raise

얼터네이트 프런트 래터럴 레이즈 덤벨을 이용해 전면삼각근을 단련하는 운동

<< Upright Row

업라이트 로 전면삼각근 및 승모근을 단련하는 운동

>> Front Barbell Press

프런트 바벨 프레스 크고 우람한 어깨를 만드는 운동

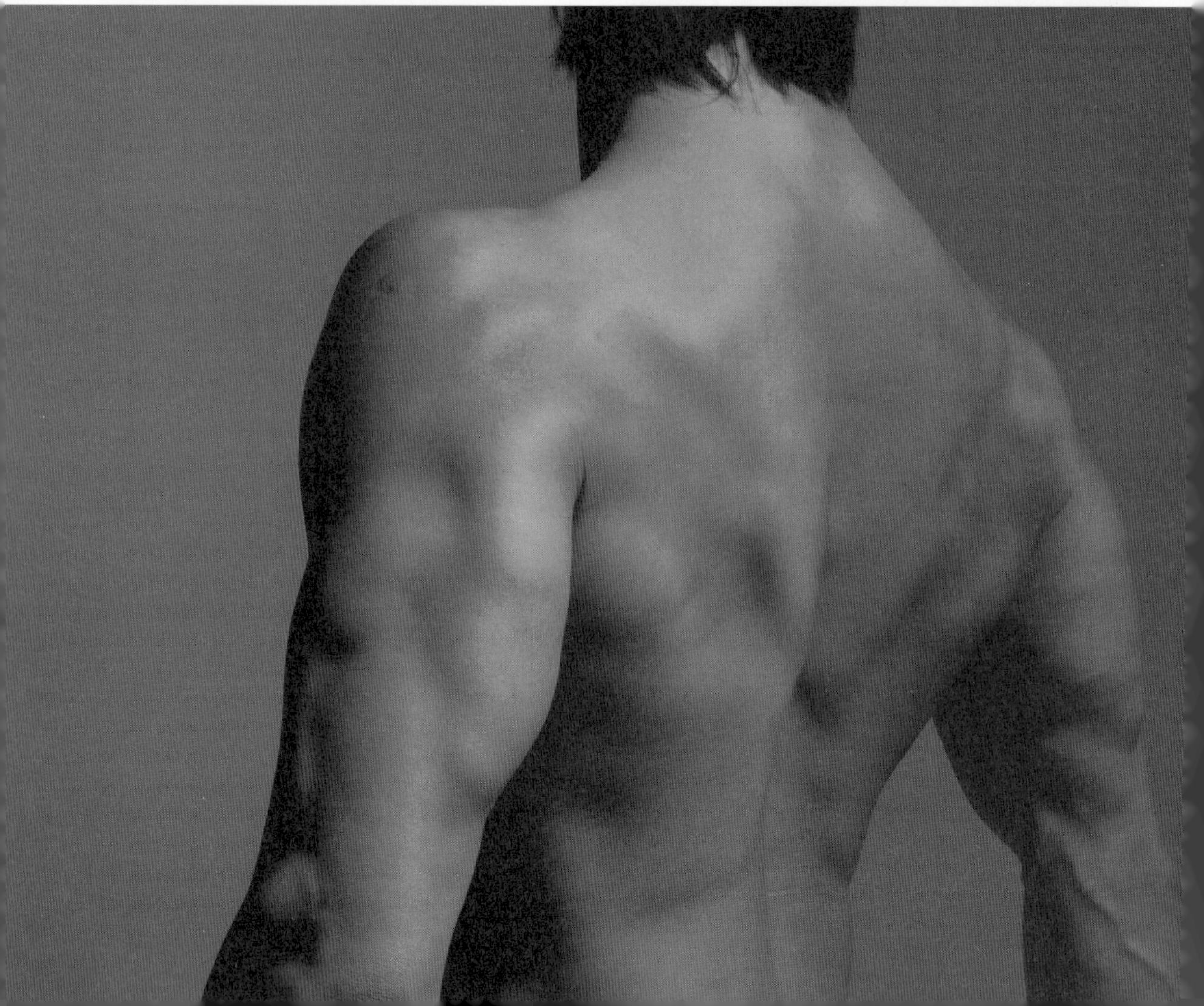

<< Barbell Shrug

바벨 슈러그 승모근을 단련하는 운동

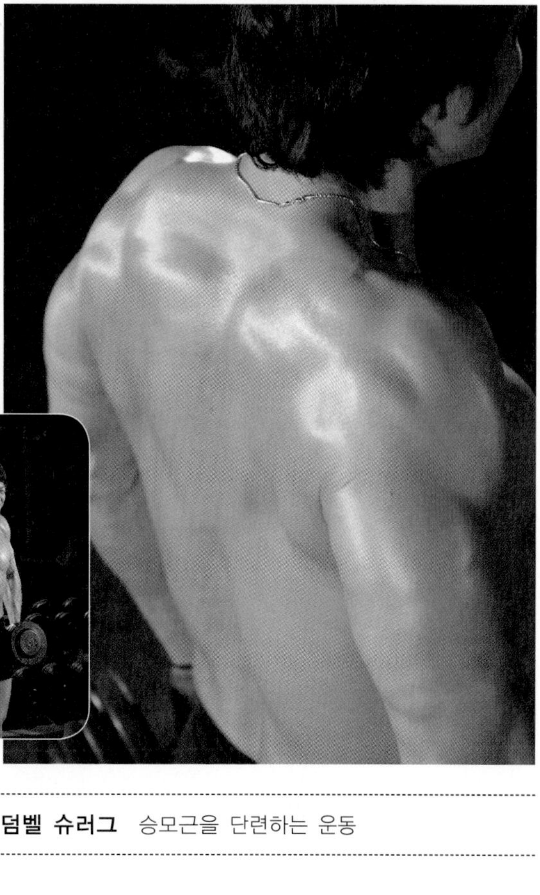

>> Dumbbell Shrug

덤벨 슈러그 승모근을 단련하는 운동

Chapter 2

팔 근육을 단련하는 운동

>> Close Grip Bench Press

클로즈 그립 벤치 프레스 삼두근을 크게 발달시키는 대표적인 운동

>> Pulley Push Down

풀리 푸시 다운 삼두근을 고립시켜 단련하는 운동

>> Lying EZ-Bar French Press

라잉 EZ바 프렌치 프레스 삼두근을 크게 만드는 데 효과적인 운동

>> Overhead Dumbbell Extension

오버헤드 덤벨 익스텐션 삼두근을 단련하는 운동

<< Kick Back

덤벨 킥 백 삼두근을 고립시켜 멋진 각을 만드는 운동

>> Cable Triceps Extension **케이블 트라이셉 익스텐션** 삼두근을 단련하는 운동

>> Overhead Triceps Extension **오버헤드 트라이셉 익스텐션** 삼두근을 단련하는 운동

>> Biceps Curl Machine

바이셉 컬 머신 팔 앞부분, 이두근을 단련하는 운동

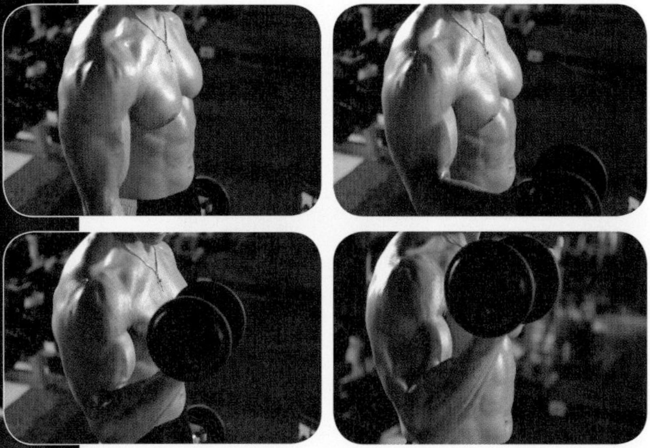

<< Dumbbell Curl

덤벨 컬 팔 앞부분, 이두근을 단련하는 운동

>> Tow Arms High Cable Curl

투 암스 하이 케이블 컬 상완이두근, 팔 앞부분 근육을 볼록하게 만드는 데 효과적인 운동

>> Barbell Curl

바벨 컬 상완이두근, 팔 앞부분 근육을 크게 만드는 가장 대표적인 운동

>> Concentration Curl

컨센트레이션 컬
상완이두근, 팔 앞부분 근육을 고립시켜
볼록하게 만드는 가장 대표적인 운동

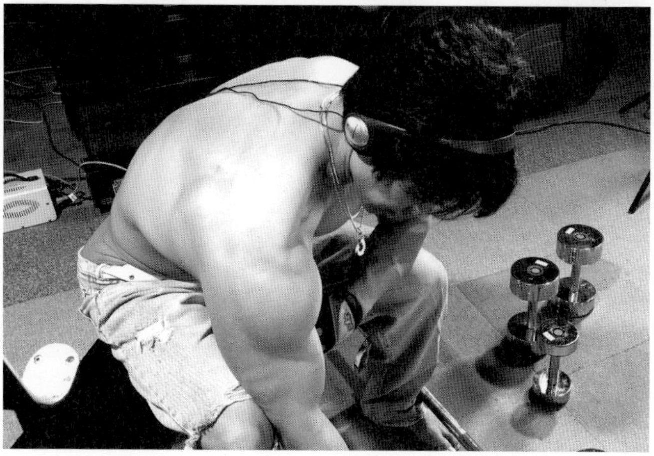

>> Hammer Curl

해머 컬 상완이두근의 바깥쪽 근육을 단련하는 운동

<< One Arm Dumbbell Wrist Curl

원 암 덤벨 리스트 컬 팔뚝(전완근)을 단련하는 운동

>> One Arm Dumbbell Revers Wrist Curl

원 암 덤벨 리버스 리스트 컬 팔뚝(전완근)을 단련하는 운동

Chapter 3

등 근육을 단련하는 운동

>> Pull Down

풀 다운 V자 모양의 넓은 등을 만드는 운동

>> Pull Up

풀 업 등 근육을 크고 넓게 만드는 운동

>> Cable Row

케이블 로 크고 두꺼운 등을 만드는 운동

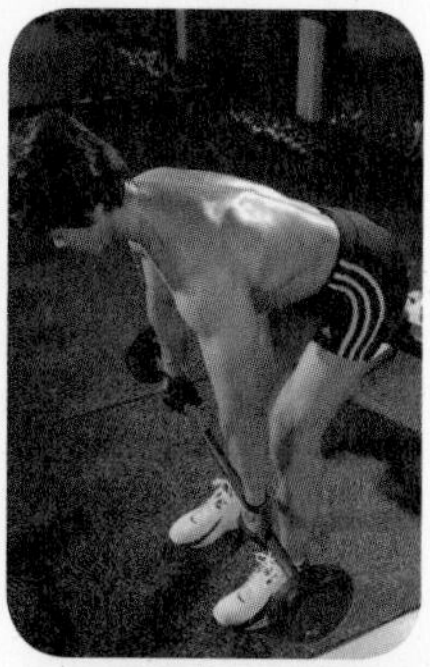

>> Deadlift **데드리프트** 등 근육과 다리 · 허리의 근육 무리를 단련하는 운동

>> Bent Over Barbell Row **벤트 오버 바벨 로** 등 근육을 크고 두껍게 만드는 운동

>> One Arm Dumbbell Row **원 암 덤벨 로** 덤벨을 이용해 등 근육을 단련하는 운동

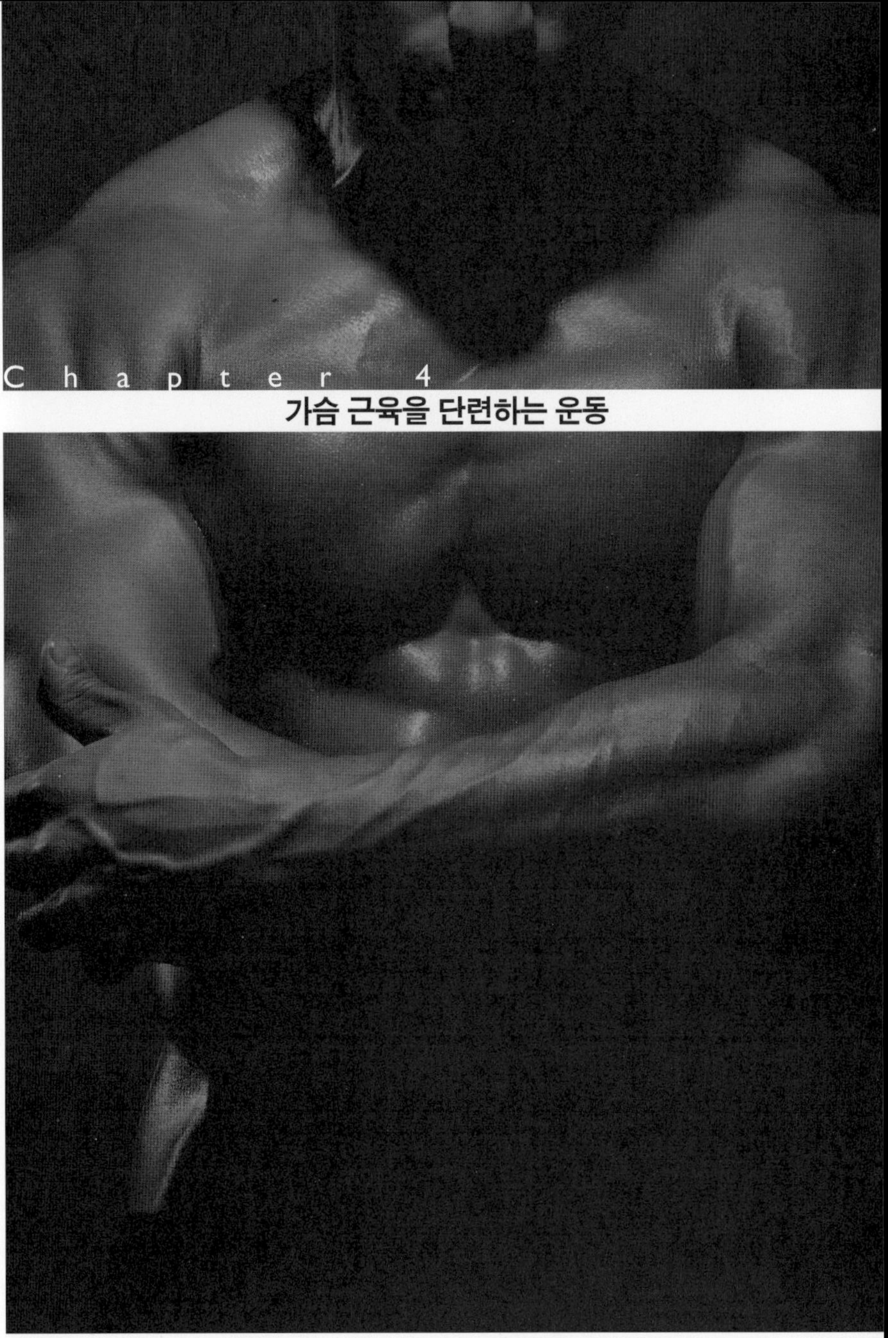

Chapter 4
가슴 근육을 단련하는 운동

>> Bench Press **벤치 프레스** 넓고 우람한 가슴 근육, 대흉근을 발달시키는 데 가장 기본이 되는 운동

>> Incline Bench Press

인클라인 벤치 프레스 윗가슴 근육, 대흉근 상부를 발달시키는 데 가장 기본이 되는 운동

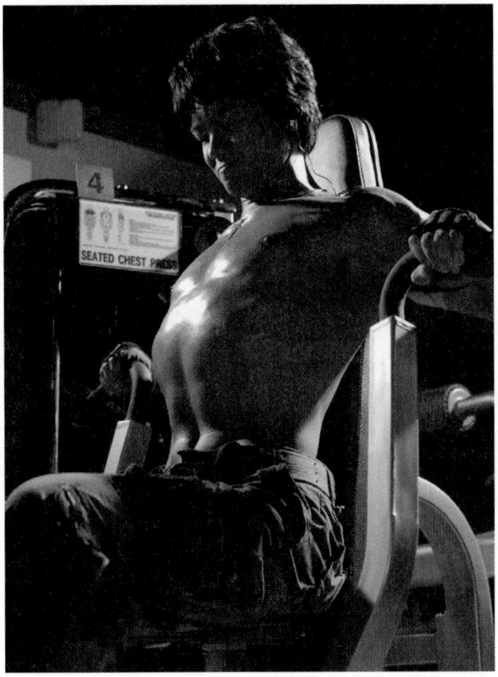

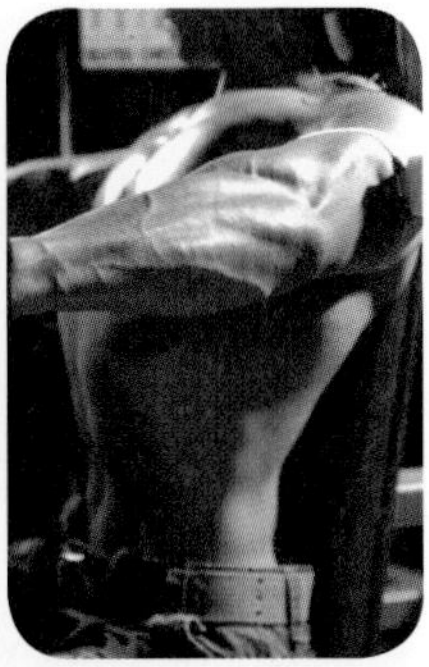
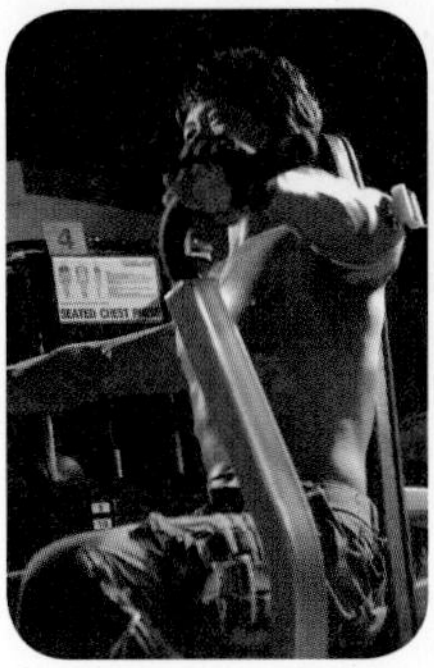

>> Seated Chest Bench Press

시티드 체스트 벤치 프레스 벤치 프레스를 대신해 비교적 쉽게 가슴 근육을 발달시키는 데 효과적인 운동

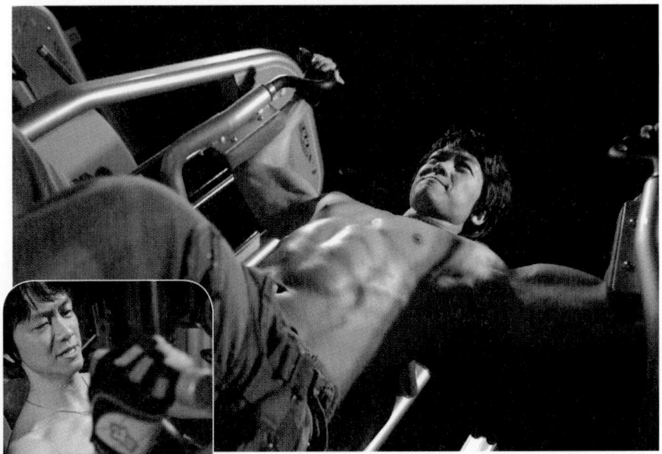

>> Pec Deck Fly **펙 덱 플라이** 덤벨 플라이 운동을 대신해 가슴 근육을 단련하는 운동

>> Cable Cross Over

케이블 크로스 오버
가슴 근육을 선명하게 만드는 운동

<< Dumbbell Press

덤벨 프레스
가슴 근육을 선명하고 탄탄하게 단련하는 운동

<< Incline Dumbbell Press

인클라인 덤벨 프레스
인클라인 바벨 벤치 프레스의 대체운동이며
가슴 상부를 단련시키는 운동

>> Dumbbell Fly

덤벨 플라이 가슴 근육을 발달시키는 운동

>> Push Up˙ **푸시 업** 어디에서든지 쉽게 가슴 근육을 단련할 수 있는 운동

>> Dip **딥** 아래가슴 근육을 발달시키는 운동

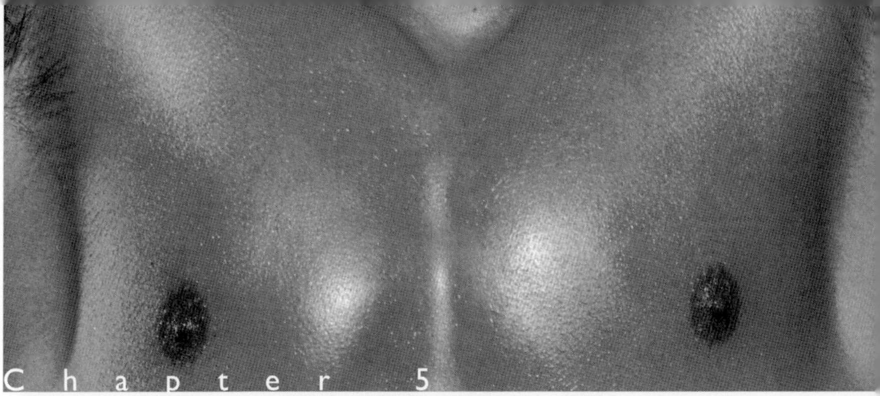

Chapter 5

복부 근육을 단련하는 운동

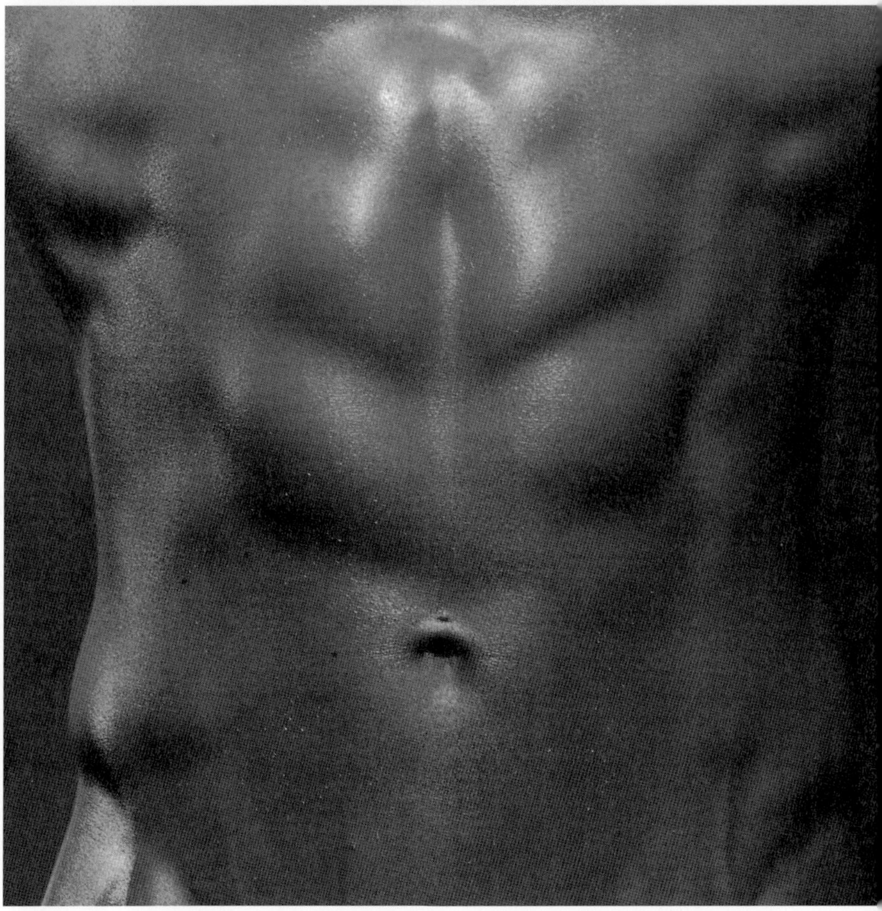

>> Crunch **크런치** 탄탄하고 군살 없는 상복근을 만드는 데 가장 기본이 되는 운동

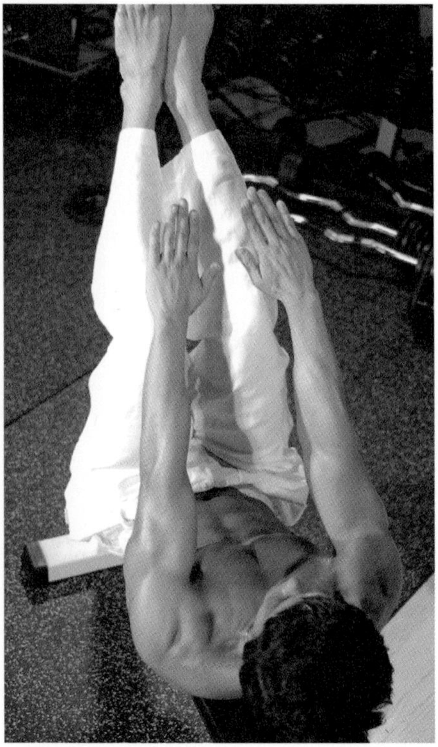

>> Double Crunch

더블 크런치 복근 전체를 탄탄하게 만드는 운동

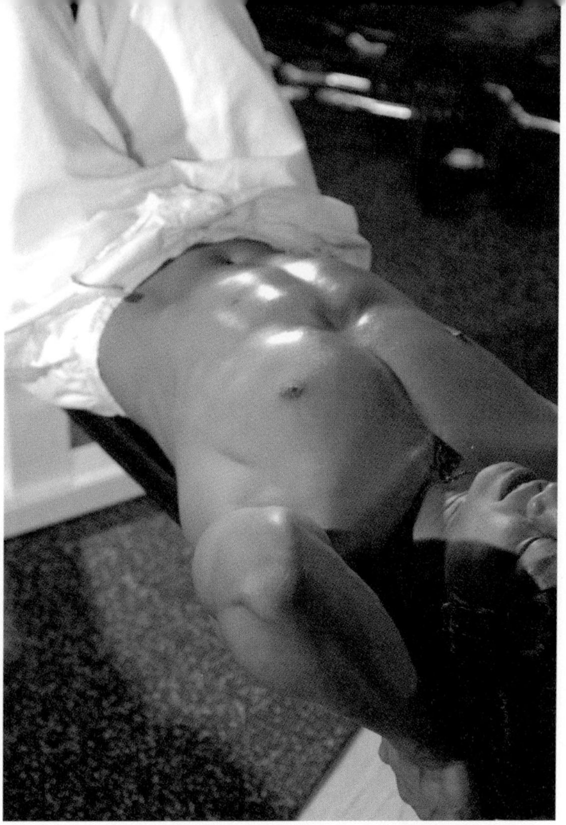

>> Cross Crunch

크로스 크런치 외복사근 강화 운동

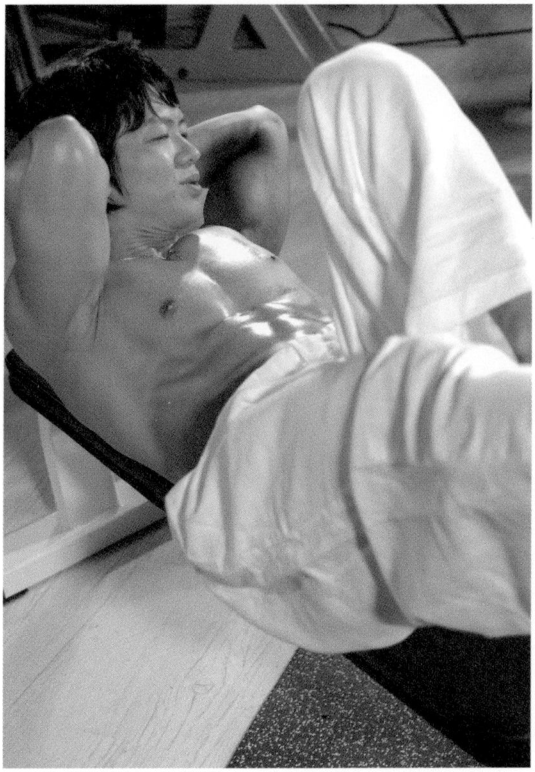

<< Double Cross Crunch

더블 크로스 크런치 상복부 · 하복부와 외복사근 강화 운동

<< Side Bend **사이드 벤드** 옆구리를 단련하는 운동

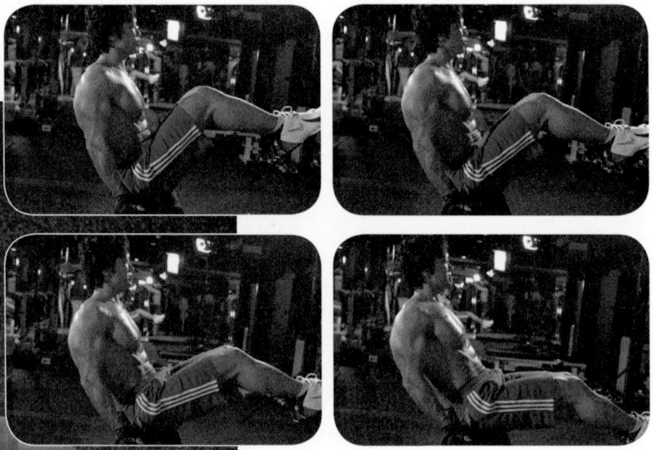

<< Knee Up

니 업 하복부를 단련하는 운동

>> Hanging Leg Raise **행잉 레그 레이즈** 전체적인 복부의 근력을 강화하는 운동

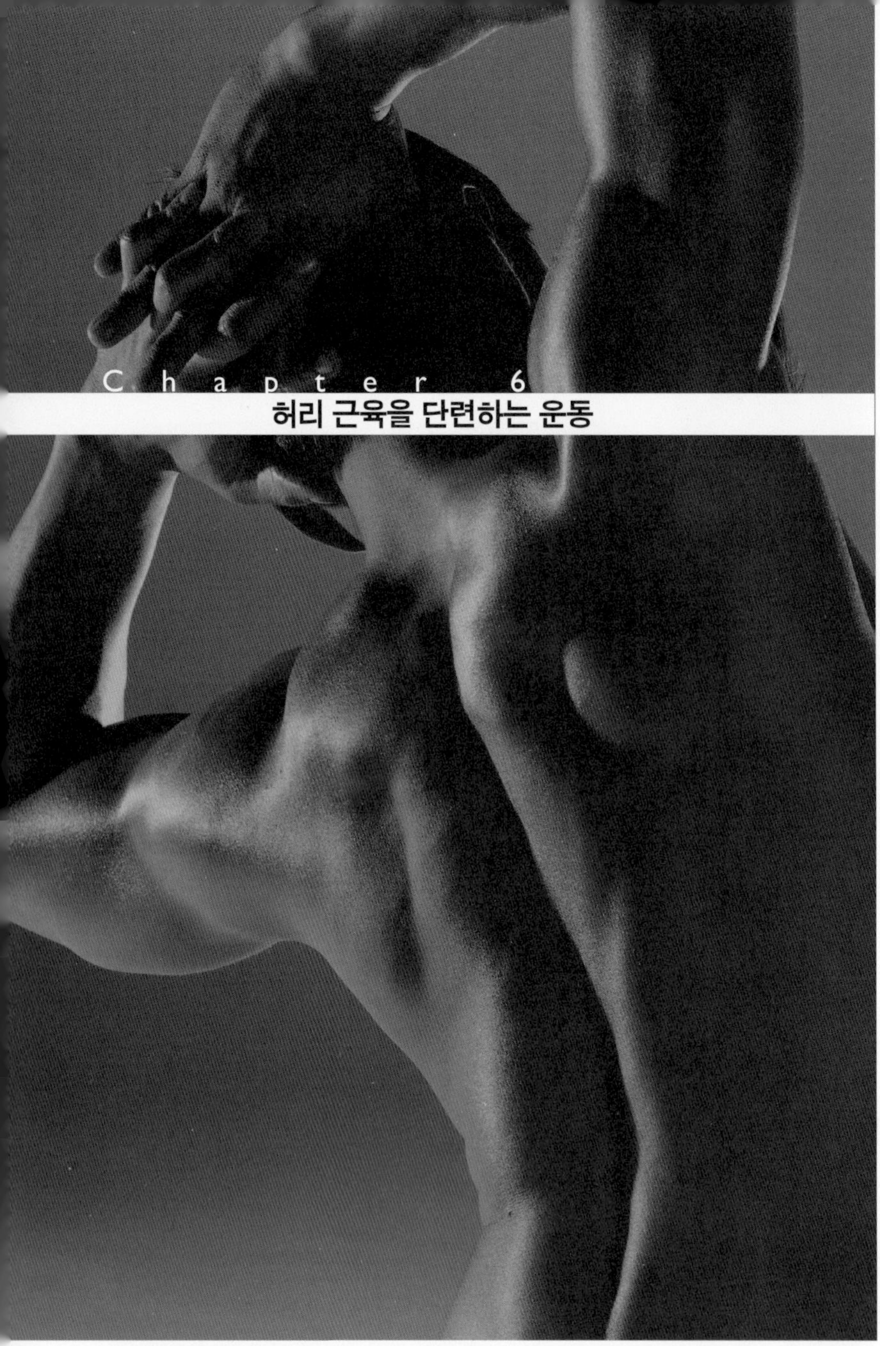

Chapter 6
허리 근육을 단련하는 운동

>> Back Extension

백 익스텐션 허리 근력을 강화시켜주는 운동

>> Superman

슈퍼맨 허리를 강화하는 운동

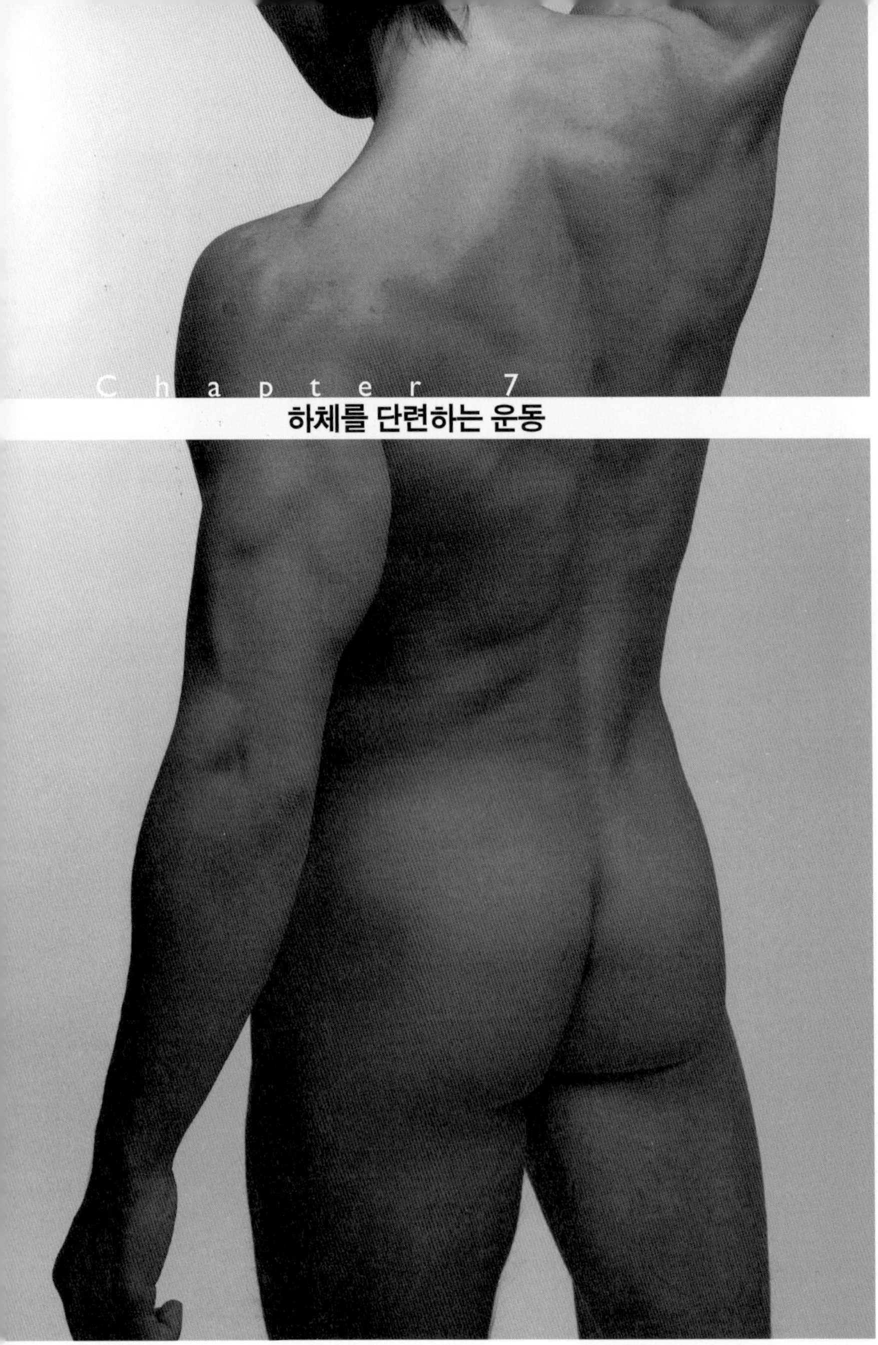

Chapter 7

하체를 단련하는 운동

>> 45° Leg Press

45도 레그 프레스 대퇴사두근, 허벅지를 튼튼하고 굵게 만드는 데 효과적인 운동

>> Leg Press **레그 프레스** 대퇴사두근을 단련하는 운동

>> Leg Extension **레그 익스텐션** 대퇴사두근을 단련하는 운동

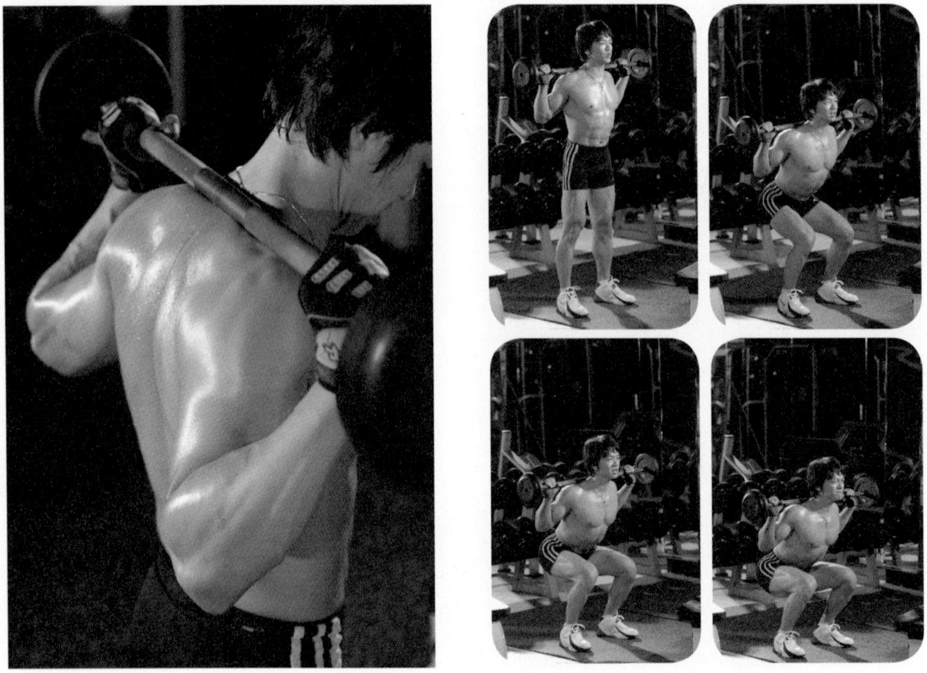

>> Squart **스쿼트** 허벅지 앞, 뒤와 힙을 단련하는 효과적인 운동

<< Dumbbell Lunge

덤벨 런지 대퇴사두근을 단련하는 운동

>> Barbell Lunge

바벨 런지 대퇴사두근을 단련하는 운동

>> Leg Curl **레그 컬** 대퇴이두근, 허벅지 뒷부분을 단련하는 운동

>> Stiff Legged Deadlift

스티프 레그드 데드리프트 대퇴이두근을 단련하는 운동

>> Standing Calf Raise **스탠딩 카프 레이즈** 종아리 근육(장딴지근)을 단련하는 운동

인간의 성은 태초부터 주어진 가장 기본적인 권리 중의 하나입니다. 우리는 성적 만족, 성적 건강, 성적 권리 및 성적 행복 등을 추구할 권리가 있습니다. 또 인간의 성은 애정을 바탕으로 해야 서로를 강하게 결속하며, 이는 개인, 부부, 가정 및 사회의 건강에 필수적입니다.

이미 출판된 피트니스 관련 책들이 외관상 그럴듯한 몸 가꾸기 방법에 치중하거나 부적절한 성지식 및 비과학적인 설명으로 독자들에게 혼란을 주는 경우가 있어 안타깝게 생각하고 있었습니다. 그러던 차에 저자가 성과 피트니스를 결합한 책을 기획했다는 말을 듣고 기꺼운 마음으로 반겼습니다.

이 책이 성에 대한 객관적이고 과학적인 정보를 제공해 각자가 성과 관련해 올바르게 결정할 수 있도록, 책의 내용이 성학(Sexology) 및 임상사례에 어긋남이 없는지 철저히 감수했습니다. 검증된 의학지식과 과학적인 사례를 들어 성생활에 도움을 주는 구체적인 방법, 즉 성을 대하는 마음가짐, 상대방에 대한 배려와 예절, 자신의 몸에 대한 성찰과 이해, 바람직한 몸 가꾸기 방법을 사진과 함께 쉽게 이해할 수 있게끔 만들었는지 검토했습니다.

성은 인격 자체이기에 자율성과 고결성을 훼손당해서는 안 됩니다. 따라서 우리는 어떠한 형태이든지 성적 폭행이나 육체적 훼손을 거부하며, 애정과 신뢰를 동반한 만족스러운 성이야말로 개인의 성적 건강과 행복에 필수적이라는 사실을 다시 한 번 강조합니다. 이 책이 독자 여러분의 안내서이자 동반자가 되길 바랍니다.

감수자 고경심(의학박사, 산부인과 전문의)